50일 이디엄 학습으로 원어민처럼 표현하기

ENGLISH for EVERYDAY ACTIVITIES

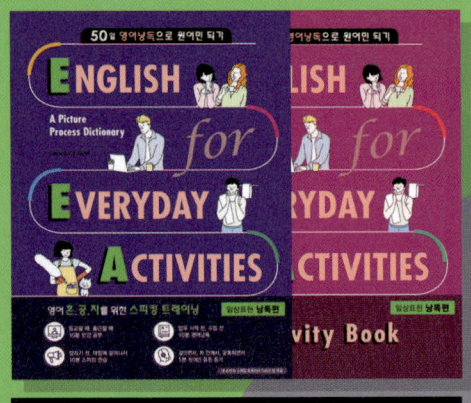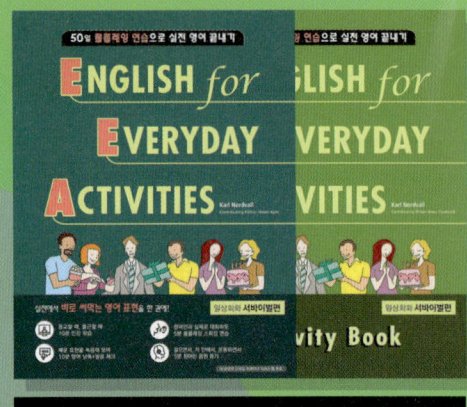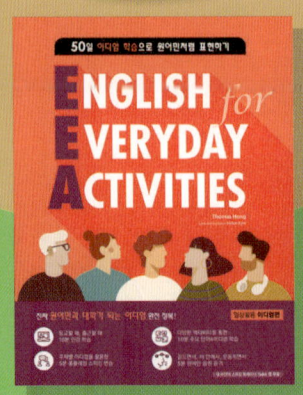

English *for* Everyday Activities

HOW TO USE

SECTIONS 실생활 이디엄을 상황에 따라 6개의 Section으로 정리하였습니다.

인강 QR 스캔 후, 각 Section의 첫번째 day 인강 10분 미리 보기 가능

전체 인강은 Talkit 앱에서 교재의 시리얼 코드 입력 후 확인 가능

DAILY LESSONS 총 50일 학습 구성이며, 제공되는 콘텐츠를 적극 활용하여 복습까지 함께할 수 있습니다.

CONVERSATION
타겟 이디엄을 포함한 실생활 대화문을 통한 맥락 파악

IDIOM LIST
사전 형식의 세부적인 이디엄 학습

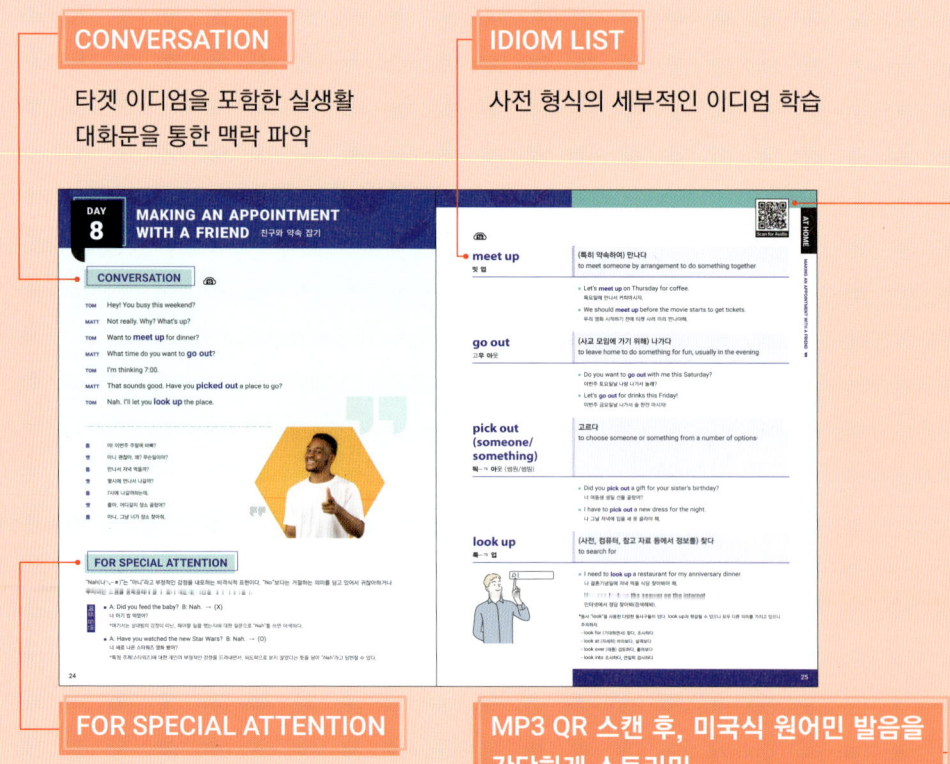

FOR SPECIAL ATTENTION
대화문 이해 / 회화에 도움이 되는 문화 팁 제공

MP3 QR 스캔 후, 미국식 원어민 발음을 간단하게 스트리밍

무료 MP3 음원은 www.compasspub.com/EEA_idiom에서 다운로드 가능

Talkit Talkit 앱에서 EEA 학습법에 맞는 다양한 이디엄 학습 및 스피킹 연습

EEA: 일상활용 이디엄편
5 STEP 학.습.법

1. **Lecture & Intro:**
   EEA 인강 학습하기 & 음원 듣기
   하루 10분 강의와 전체 음원을 들어보세요.

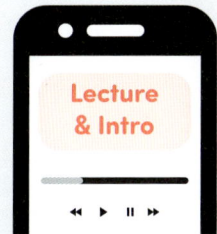

2. **Word Flash:**
   주요 단어 & 이디엄 익히기
   진짜 원어민이 자주 쓰는 단어와 이디엄을 익히세요.

3. **Shadowing: 오늘 학습한 표현이**
   입에서 술술 나올 때까지 여러 번 낭독하기
   영어 문장을 5번씩 큰 소리로 읽어보세요.
   입에 잘 붙지 않는 어려운 문장은 10번씩!

4. **Gap Fill:**
   그림을 보고 빈칸 채우기
   그림을 보고 영어 문장을 유추해 말해보세요.
   영작이 되지 않는 문장은 다시 반복!

5. **Role-Playing:**
   스피킹의 퀄리티를 높이는 롤플레잉
   오늘 배운 이디엄 표현을 실제로 대화하듯 롤플레잉 해보세요.
   어느 순간 유창하게 원어민과 대화가 될 거예요!

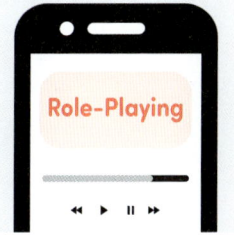

CONTENTS

SECTION 1 — AT HOME

DAY 1	Waking Up	일어나기	10
DAY 2	Talking about Interests	취미 물어보기	12
DAY 3	Introducing Yourself to Neighbors	이웃에게 인사하기	14
DAY 4	Asking For Favors	부탁하기	16
DAY 5	Expressing Opinions	의견 내기	18
DAY 6	Apologizing and Admitting Your Fault	사과하기 / 실수 인정하기	20
DAY 7	Keeping in Touch with Family	가족과 연락하기	22
DAY 8	Making an Appointment with a Friend	친구와 약속잡기	24

SECTION 2 — AT WORK

DAY 9	First Day at the Office	회사 첫 출근하기	28
DAY 10	Looking For a Coworker	회사 동료 찾기	30
DAY 11	Calling In Sick	병가 내기	32
DAY 12	Cheering Up a Coworker	회사 동료 응원하기	34
DAY 13	Starting a Conference Call	화상회의 시작하기	36
DAY 14	Ending a Presentation	발표 끝내기	38
DAY 15	Evaluating Performance	직원 평가하기	40
DAY 16	Interviewing	인터뷰하기	42

SECTION 3 — WHILE EATING

DAY 17	Staying In or Going Out	집에서 먹기 혹은 외식하기	46
DAY 18	Choosing to Eat Out	외식 장소 고르기	48
DAY 19	Ordering a Coffee	커피 주문하기	50
DAY 20	Ordering Delivery	배달음식 고르기	52
DAY 21	Ordering Fast-Casual Food	패스트 캐주얼 음식 주문하기	54
DAY 22	Making a Reservation	식당 예약하기	56
DAY 23	Asking For the House Recommendation	식당 메뉴 추천받기	58
DAY 24	Complaining about Food	음식에 대해 불평하기	60
DAY 25	Paying For Food	식당에서 계산하기	62

SECTION 4 — WHILE OUT

DAY 26.	Talking about the Weather	날씨 이야기하기	66
DAY 27.	Giving a Friend a Ride	친구 차 태워주기	68
DAY 28.	Introducing a Friend	친구 소개하기	70
DAY 29.	Gossiping	사사로운 잡담하기	72
DAY 30.	Getting a Haircut	미용실에서 머리 자르기	74
DAY 31.	Opening an Account at the Bank	은행에서 계좌 만들기	76
DAY 32.	Shopping for Clothes	옷 쇼핑하기	78
DAY 33.	Paying For Things	물건 구매하기	80
DAY 34.	Asking For a Refund	환불 요청하기	82
DAY 35.	Asking For Directions	길 물어보기	84
DAY 36.	Giving a Driver Directions	운전 기사에게 길 알려주기	86
DAY 37.	Grocery Shopping	장보기	88
DAY 38.	Checking In at a Hotel	호텔에 체크인하기	90

SECTION 5 — FOR YOUR HEALTH

DAY 39.	Signing Up for a Gym	헬스장 등록하기	94
DAY 40.	Talking to a Trainer	트레이너에게 내 상태 말하기	96
DAY 41.	Changing an Appointment at the Dentist	치과 예약 변경하기	98
DAY 42.	At the Doctor's Office	의사에게 진료받기	100
DAY 43.	Picking Up a Prescription	처방전 받기	102
DAY 44.	Making an Emergency Call	응급 상황 전화걸기	104

SECTION 6 — FOR SPECIAL EVENTS

DAY 45.	Giving Congratulations	축하하기	108
DAY 46.	Waiting On a Test Result	시험 결과 기다리기	110
DAY 47.	Making a Wedding Announcement	결혼 발표하기	112
DAY 48.	Throwing a Bridal Shower	브라이덜 샤워 / 결혼 축하하기	114
DAY 49.	Offering Condolences at a Funeral	장례식에서 애도를 표하기	116
DAY 50.	Welcoming a New Baby	출산 축하하기	118

REVIEW TESTS — 120

AT HOME

SECTION 1

Scan for Preview

DAY 1 。 Waking Up 일어나기

DAY 2 。 Talking about Interests 취미 물어보기

DAY 3 。 Introducing Yourself to Neighbors 이웃에게 인사하기

DAY 4 。 Asking For Favors 부탁하기

DAY 5 。 Expressing Opinions 의견 내기

DAY 6 。 Apologizing and Admitting Your Fault 사과하기 / 실수 인정하기

DAY 7 。 Keeping in Touch with Family 가족과 연락하기

DAY 8 。 Making an Appointment with a Friend 친구와 약속잡기

DAY 1 — WAKING UP
일어나기

CONVERSATION

NOAH **Wake up**, Daisy. You're going to be late for work.

DAISY Morning. What time is it?

NOAH It's 6:40. I tried waking you up several times, but you kept **going** back **to bed**.

DAISY Thanks for waking me up. I'm going to **get ready** now.

NOAH OK! Oh, and **make sure** you wear something warm. It's cold today.

노아	일어나, 데이지. 회사 늦겠어.
데이지	좋은 아침. 몇시야?
노아	6시 40분이야. 몇번 깨웠는데, 계속 다시 자더라.
데이지	깨워줘서 고마워. 이제 준비해야겠다.
노아	알았어! 아, 그리고 꼭 따뜻하게 입어. 오늘 춥더라.

FOR SPECIAL ATTENTION

"going to bed" 외에 "잠자리에 들다", "자러 간다"는 다양한 관용적 표현들이 있다.

- **hit the hay** (녹초가 되어, 숙면이) 잠을 자다
   *hay는 '건초'의 뜻으로, 농장에서 열심히 일한 후에 피곤함에 지쳐 건초더미에 쓰러지듯 누워서 잠을 잔다는 것에서 유래된 관용적 표현이다.

- **nod off** (앉아서) 깜빡 졸다
   *nod는 "고개를 끄덕이다"라는 뜻으로, "(앉은 상태에서) 꾸벅꾸벅 졸다"라는 뜻의 동사구 표현이다.

wake up
웨이크 업

일어나다
to stop sleeping

- What time did you **wake up**?
  오늘 몇시에 일어났어?
- I **woke up** at 7:00.
  나는 7시에 일어났어.

go to bed
고우 투 베―ㄷ

잠자리에 들다
to start sleeping

- I'm **going to bed**.
  나는 자러 갈게.
- I'll **go to bed** at 10:00.
  나는 10시에 자러갈 거야.

get ready
겟 뤠디

준비하다
to prepare

- I need to **get ready** for work.
  나 출근 준비해야 해.
- You should **get ready** for school.
  너 학교 갈 준비해야지.

make sure
메이―ㅋ 슈어

확실하게 하다, 반드시/꼭 ~하다
to ensure that something is true, correct, or will happen

- Can you **make sure** I wake up at 7:00?
  나 7시에 일어나도록 꼭 깨워줄래?
- I'll **make sure** that you leave on time.
  너가 제 시간에 나갈 수 있도록 꼭 해 줄게.

DAY 2
TALKING ABOUT INTERESTS
취미 물어보기

CONVERSATION

FRASER How was your weekend?

TOM It was good. What about yours? Did you do anything special?

FRASER Not really. Just played a computer game with some friends.

TOM I didn't know you **were into** that. What did you play?

FRASER We played RD11.

TOM Oh! I'm also playing that. I'd love to **join in** next time you play.

FRASER We**'re going to** play this Wednesday. Let me take down your details.

프레이져	주말 잘 보냈어?
톰	좋았어. 너는 어땠어? 뭐 특별한 일 있었어?
프레이져	딱히 없었어. 그냥 친구들이랑 컴퓨터 게임했어.
톰	너가 게임 좋아하는지 몰랐어. 무슨 게임 했어?
프레이져	RD11 했어.
톰	오! 나도 요즘 그거 하는데. 다음에 게임할 때 나도 같이하자.
프레이져	우리 이번주 수요일날 할거야. 너 아이디 좀 알려줘봐.

FOR SPECIAL ATTENTION

학생 시절 혹은 면접 외에, 성인에게 "What are your hobbies?"처럼 취미가 무엇인지 직접적으로 물어보는 일은 어색하다. 대신에, 자연스럽게 "What do you do for fun?" 혹은 "What did you do over the weekend?"와 같은 완곡한 표현들을 사용할 수 있다.

- Did you do anything special over the weekend? 주말에 뭐 특별한 일 있었어?
- I didn't know you were into that. Which games do you play? 너가 그걸 좋아하는 줄 몰랐어. 어떤 게임하는데?

be into (something)
비 인투 (썸띵)

~에 관심이 많다, ~를 좋아하다
(informal) to be interested in something

- **Are** you **into** games?
  너 게임 좋아하니?
- She's **into** many different kinds of music.
  그녀는 다양한 음악에 관심이 많다.

join in
죠인 인

함께하다, (활동에) 참여하다
to participate in an activity

- Can I **join in**?
  나 껴도 될까?
- I asked my friend if he would like to **join in**.
  친구에게 함께하고 싶은지 물어보았다.

be going to
비 고잉 투

~할 예정이다
to plan or intend to do something in the future

- I'**m going to** go on a vacation this weekend.
  나는 이번 주말에 휴가를 갈 예정이다.
- I'**m going to** meet my friends tonight.
  나는 오늘 밤 친구들을 만날 예정이다.

DAY 3
INTRODUCING YOURSELF TO NEIGHBORS 이웃에게 인사하기

CONVERSATION

ALEX Hey, there! **Moving in**?

LISA Oh, yeah. Hi. I'm Lisa.

ALEX Nice to meet you. I'm Alex. Do you need a hand?

LISA No. I'm fine. We're almost finished. Thanks.

ALEX Well, welcome to the neighborhood. I'm thinking of having a barbecue party this weekend. I'd love it if you **dropped by**.

LISA **Got it**. See you later this weekend.

알렉스	저기! 이사오시나봐요?
리사	아, 네. 리사라고 해요.
알렉스	만나서 반가워요. 저는 알렉스라고 해요. 도와드릴까요?
리사	아니요. 괜찮아요. 거의 끝났어요. 고마워요.
알렉스	우리 동네에 오신 걸 환영해요. 이번 주말에 바베큐 파티를 할 생각인데, 잠깐 들르시면 좋을 것 같아요.
리사	알겠어요. 이번 주말에 뵙죠.

FOR SPECIAL ATTENTION

한국에서 이사 후 떡을 돌리는 문화와는 다르게, 미국에서는 새로 이사 온 사람이 이웃에게 먼저 소개를 하는 모습은 흔하지 않은 풍경이다. 더욱이 대도시나 아파트에서는 이런 경우를 찾아보기는 힘들다. 시외로 나가거나 작은 공동체 속에서는 오히려 이웃들이 먼저 다가와서 새로 이사 온 가족에게 인사하는 것이 더 자연스러운 모습이다. 환영의 의미로 (주로 음식) 선물이나 파티에 초대를 한다.

move in
무브 인

이사오다
to go to a different place to live or work there

- I'll **move in** on Monday.
  월요일에 이사올게.
- A couple **moved in** next door.
  옆 집에 한 커플 이사왔더라.

drop by
드랍 바이

(초대, 약속 등이 없이) 잠깐 들르다
(informal) to briefly visit

- I'll **drop by** the house in 10 minutes.
  10분후 잠깐 들를게.
- I need to **drop by** the office.
  회사에 잠깐 들러야해.

*"잠시 들르다"의 뜻을 가진 다양한 동사구 표현이 있다.
  - drop in (집 등 사적인 공간에 초대, 약속 등이 없이) 잠시 들르다
  - swing by (다른 장소로 가는 길에 일을 보러 특정 장소에) 잠시 들르다
  - come by (지나가는 길에) 들르다

get it
겟 잇

알다, 이해하다
(informal) to understand

- A: Did you understand the lesson? B: Yeah, I **got it**.
  A: 수업 이해했어? B: 응, 이해했어.
- Do you **get it**?
  이해했어?

DAY 4 ASKING FOR FAVORS
부탁하기

CONVERSATION

TRACY Hey, babe? Are you **heading out**?

JOHNNY Just about to. What's up?

TRACY Do you mind if I ask you a huge favor?

JOHNNY No. **Go ahead**.

TRACY Could you **pick up** some groceries? I have a list here.

JOHNNY Yeah, sure. Need anything else?

TRACY Could you also **take out** the garbage while you're at it?

트레이시	자기야, 지금 나가는거야?
쟈니	막 나가려던 참이었어. 왜?
트레이시	뭐 좀 부탁해도 될까?
쟈니	응. 말해봐.
트레이시	장 좀 봐다 줄 수 있을까? 여기 쇼핑 리스트 있어.
쟈니	응, 물론이지. 다른 거 필요한 거 있어?
트레이시	그럼 나가면서 쓰레기도 내다 버려줄 수 있을까?

FOR SPECIAL ATTENTION

보통 미국 사람들이 부탁을 할 때는 우회적으로 말하여 예의 바르게 표현하려고 한다. 그래서 요청 전에 "Do you mind if I ask you a favor?" 혹은 "I was wondering if I could ask you for a favor?"라는 질문을 먼저 한다.

이에 대한 답으로, "yes" 혹은 "no"를 할텐데, 이때 답변이 한국식과 다르니 주의하자. "Do you mind~"는 "~(이/가) 신경 쓰이니?"라고 직역되어, 표현 부탁을 들어줄 의향이 있다면 "신경 쓰이지 않아"의 뜻으로 "no"라고 대답해야 한다. 반대의 경우로 부탁을 거절할 때는 "yes"라고 대답한다.

head out
헤드 아웃

나가다
(informal) to leave a place

- I'm about to **head out**.
  나는 지금 막 나가려고 해.
- We should **head out** soon.
  우리 곧 나가야해.

go ahead
고우 어헤드

계속하다
to proceed or continue

- Please **go ahead** and eat first.
  먼저 드세요.
- You can **go ahead** and find a seat for us.
  먼저 가서 우리 자리 맡아 놔.

pick up
픽 업

집어 들다, ~을 사다
to obtain, collect, or buy something

- I **picked up** some food on the way home.
  나는 집에 가는 길에 먹을 것을 좀 샀다.
- Can you **pick up** the mail while you're at home?
  집에 있는 동안 우편물 좀 받아줄 수 있어?

take out
테잌 아웃

가지고 나가다, (쓰레기 등을) 내다 버리다
to take something out of someone or something

- Matthew will **take out** the trash.
  메튜가 쓰레기를 내다 버려줄 것이다.
- I **took out** my wallet.
  나는 지갑을 가지고 나갔다.

17

DAY 5: EXPRESSING OPINIONS
의견 내기

CONVERSATION

LEO What'd you think of last night's episode?

EMMA Hmm... **In all honesty**, I didn't like it.

LEO What? What didn't you like about it?

EMMA I thought it wasn't very realistic. Everyone was acting out of character.

LEO **I see what you mean**, but I thought it **made sense** given the situation.

EMMA I'm afraid I disagree. I'm not sure if I'm going to keep watching.

리오	어제 밤 방송분 어땠어?
엠마	음... 솔직히 말해서, 나는 별로였어.
리오	왜? 어떤 점이 별로였어?
엠마	내 생각에는 별로 현실적이지 않았어. 모든 배우들이 연기를 못했어.
리오	무슨 말인지 알겠어. 그렇지만, 상황을 보면 나는 이해가 되던데.
엠마	미안하지만, 나는 생각이 달라. 계속 볼 건지 잘 모르겠어.

FOR SPECIAL ATTENTION

서양 사람들은 호불호를 표현할 때, 단도직입적인 편이다. 의견에 대해 찬성하거나 반대하는 의사표현을 분명하고 직접적으로 하더라도 이는 무례하다고 여겨지지는 않는다.

A: The blue one looks best on me.
B: I disagree. I think the red one is perfect for you.
A: 파랑색이 나에게 제일 잘 어울리는 것 같아.
B: 내 생각엔 아닌데. 나는 빨강색이 너에게 잘 어울릴 것 같아.

in all honesty
인 올 어너스티

솔직히 말해서
used to stress the truthfulness of a statement

- **In all honesty**, I wouldn't say I liked the meal.
  솔직히 말해서, 식사가 맛있지는 않았어.
- **In all honesty**, the movie was too long.
  솔직히 말해서, 영화가 너무 길었어.

I see what you mean
아이 씨 왓 유 민

무슨 말인지 알겠어
used to say you understand what someone is saying

- **I see what you mean** when you said it was too long.
  너무 길다고 하는게 무슨 말인지 알겠어.
- **I see what you mean** when you said it tasted fishy.
  비린내가 난다고 하는 말, 무슨 말인지 알겠어.

* 상대방의 의견에 동의를 하지 않을지라도 상대방의 말이 이해가 되는 상황일 때 주로 사용한다.

make sense
메잌 센스

이해가 되다, 타당하다
to be understandable; to seem like a good idea

- What she's saying **make sense**.
  그녀가 하는 말 이해가 돼.
- The instructions **make** no **sense**.
  그 설명서 이해가 안돼.

DAY 6
APOLOGIZING AND ADMITTING YOUR FAULT
사과하기 / 실수 인정하기

CONVERSATION

EMMA Hey, Leo. About our disagreement the other day... I wanted to apologize.

LEO Oh. **Never mind**. It's **no big deal**.

EMMA It is. I didn't realize I'd caused so much trouble. That's **my bad**.

LEO Well, apology accepted. I also want to apologize.
I shouldn't have gotten angry so quickly.

EMMA No worries. I kind of had it coming.

엠마 리오야. 저번에 우리 다투었던 것... 사과하고 싶었어.

리오 아. 신경 쓰지마. 별일 아니야.

엠마 아니야. 이렇게까지 민폐가 될지 몰랐어. 내 실수야.

리오 음, 사과 받아줄게. 그리고, 나도 사과하고 싶었어.
그렇게 빨리 화내는 게 아니었는데.

엠마 별 말을 다 한다. 내 잘못이지 뭐.

FOR SPECIAL ATTENTION

"had it coming (have it coming)"은 예측이 가능하거나 혹은 일전의 일을 전제로 나쁜 일이 일어났을 때 사용할 수 있는 표현이다.

A: Can you believe Tony got fired?
B: He had it coming with all those days off he took for no good reason.
A: 토니가 (회사에서) 잘렸다는 거 믿어져?
B: 아무 이유 없이 쓴 그 휴가들을 봐서, 그럴 것 같았어(그가 자초한 일이지 뭐).

never mind
네버 마인드

신경쓰지마
used to tell someone not to worry about something because it is not a problem

- No, **never mind**. I'll do it myself.
  아니, 신경쓰지마. 내가 혼자 할게.
- **Never mind** the details.
  세부사항 신경쓰지마.

no big deal
노 빅 디을

별일 아니다
(informal) used to say that something is not important or not a problem

- A: Sorry, I'm late. B: **No big deal**.
  A: 늦어서 미안. B: 괜찮아 (별일 아니야).
- If you can't make it, it's **no big deal**.
  못 해내도 괜찮아. (문제될 거 없어.)

my bad
마이 뱃

내 실수다
(informal) used to admit that you did something wrong or unpleasant

- A: Who drank my soda? B: That was **my bad**.
  A: 누가 내 탄산음료 마셨어? B: 내 실수였어.
- A: Who farted? B: **My bad**!
  A: 누가 방귀 꼈어? B: 내 실수!

DAY 7: KEEPING IN TOUCH WITH FAMILY
가족과 연락하기

CONVERSATION

ETHAN You know, I haven't **heard from** my mother for a few days.

MIA You haven't? Why don't we **call** her **up** then?

ETHAN Yeah. I'll video call her if that's OK with you.

MIA Sure, **go for** it.

[ringing]

RUTH Hey, you two! How are you?

ETHAN Hi, Mom!

MIA Hi, Ruth! We're doing fine. Just **checking up on** you.

이튼	사실, 나 며칠 동안 엄마한테 연락 못 받았어.
미아	그랬어? 어머니께 전화 드려봐.
이튼	그래야겠다. 너만 괜찮으면, 영상통화로 연락 드려야겠어.
미아	그럼. 어서 해봐.
	[전화 울리는 소리]
루쓰	둘다 안녕! 어떻게 지내니?
이튼	엄마, 안녕!
미아	어머니, 안녕하세요! 저희 잘 지내고 있어요. 안부 차 연락드렸어요.

FOR SPECIAL ATTENTION

영어 문화권 사람들은 배우자의 가족들을 부를 때, 다양한 호칭으로 지칭한다. 생물학적 부모님을 부르듯이 "mom/dad"라고도 부르지만, 존칭으로 "Mr./Mrs. (이름)" 혹은 그냥 이름으로 부르기도 한다. 일반적으로 친인척들이 선호하는 호칭을 이야기해줄 때까지 기다리는 것이 가장 좋다. 예를 들어, 상대방이 먼저 "You can call me Ruth."라고 말해주는 경우가 많다.

hear from
히얼 프럼

~로부터 연락을 받다
to receive a message, phone call, etc., from someone

- Have you **heard from** your sister today?
  오늘 동생한테 연락 받았니?
- It's been weeks since I **heard from** my brother.
  오빠한테 몇 주 동안 연락 못 받았어.

call up
콜 업

~에게 전화를 걸다, 연락하다
to telephone someone

- Can you **call up** Dad?
  우리 아빠한테 전화 좀 걸어 줄 수 있어?
- I **called** you **up** to ask if you wanted to have dinner together.
  같이 저녁 먹고 싶은지 물어보려고 연락했어.

go for (something)
고우 f오얼 (썸띵)

~을 해보다, 시도하다
to attempt to achieve something

- A: I'm thinking of studying abroad for a year. B: You should **go for** it!
  A: 나 1년간 유학갈까 생각 중이야. B: 그렇게 해봐!
- I might **go for** a master's degree.
  나 석사학위 따볼까봐.

check up on (someone/ something)
첵 업 온 (썸원/썸띵)

~을 확인하다
to find out what someone is doing or if something is true

- Can you **check up on** the delivery?
  배달 왔는지 확인해봐 줄래?
- I need to **check up on** my brother.
  남동생이 잘 지내나 확인 해봐야해.

DAY 8 MAKING AN APPOINTMENT WITH A FRIEND   친구와 약속 잡기

CONVERSATION

TOM Hey! You busy this weekend?

MATT Not really. Why? What's up?

TOM Want to **meet up** for dinner?

MATT What time do you want to **go out**?

TOM I'm thinking 7:00.

MATT That sounds good. Have you **picked out** a place to go?

TOM Nah. I'll let you **look up** the place.

톰 야! 이번주 주말에 바빠?

맷 아니 괜찮아. 왜? 무슨일이야?

톰 만나서 저녁 먹을까?

맷 몇시에 만나서 나갈까?

톰 7시에 나갈까하는데.

맷 좋아. 어디갈지 장소 골랐어?

톰 아니. 그냥 너가 장소 찾아줘.

FOR SPECIAL ATTENTION

"Nah(나↘-ㅎ)"는 "아니"라고 부정적인 감정을 내포하는 비격식적 표현이다. "No"보다는 거절하는 의미를 담고 있어서 귀찮아하거나 무시하는 느낌을 상대방에게 줄 수 있기 때문에, 사용할 때 주의해야한다.

- A: Did you feed the baby? B: Nah. → (X)
  너 아기 밥 먹였어?
  *여기서는 상대방의 감정이 아닌, 해야할 일을 했는지에 대한 질문으로 "Nah"를 쓰면 어색하다.

- A: Have you watched the new Star Wars? B: Nah. → (O)
  너 새로 나온 스타워즈 영화 봤어?
  *특정 주제(스타워즈)에 대한 개인의 부정적인 감정을 드러내면서, 의도적으로 보지 않았다는 뜻을 담아 "Nah"라고 답변할 수 있다.

meet up
밋 업

(특히 약속하여) 만나다
to meet someone by arrangement to do something together

- Let's **meet up** on Thursday for coffee.
  목요일에 만나서 커피마시자.
- We should **meet up** before the movie starts to get tickets.
  우리 영화 시작하기 전에 티켓 사러 미리 만나야해.

go out
고우 아웃

(사교 모임에 가기 위해) 나가다
to leave home to do something for fun, usually in the evening

- Do you want to **go out** with me this Saturday?
  이번주 토요일날 나랑 나가서 놀래?
- Let's **go out** for drinks this Friday!
  이번주 금요일날 나가서 술 한잔 마시자!

pick out (someone/something)
픽-ㅋ 아웃 (썸원/썸띵)

고르다
to choose someone or something from a number of options

- Did you **pick out** a gift for your sister's birthday?
  너 여동생 생일 선물 골랐어?
- I have to **pick out** a new dress for the night.
  나 그날 저녁에 입을 새 옷 골라야 해.

look up
룩-ㅋ 업

(사전, 컴퓨터, 참고 자료 등에서 정보를) 찾다
to search for

- I need to **look up** a restaurant for my anniversary dinner.
  나 결혼기념일에 저녁 먹을 식당 찾아봐야 해.
- You can **look up** the answer on the internet.
  인터넷에서 정답 찾아봐(검색해봐).

*동사 "look"을 사용한 다양한 동사구들이 있다. look up과 헷갈릴 수 있으나 모두 다른 의미를 가지고 있으니 주의하자.
- look for (기대하면서) 찾다, 조사하다
- look at (자세히) 바라보다, 살펴보다
- look over (대충) 검토하다, 훑어보다
- look into 조사하다, 면밀히 검사하다

SECTION 2

Scan for Preview

DAY 9. First Day at the Office 회사 첫 출근하기

DAY 10. Looking For a Coworker 회사 동료 찾기

DAY 11. Calling In Sick 병가 내기

DAY 12. Cheering Up a Coworker 회사 동료 응원하기

DAY 13. Starting a Conference Call 화상회의 시작하기

DAY 14. Ending a Presentation 발표 끝내기

DAY 15. Evaluating Performance 직원 평가하기

DAY 16. Interviewing 인터뷰하기

DAY 9 — FIRST DAY AT THE OFFICE
회사 첫 출근하기

CONVERSATION

JOHN Hi. You must be Lisa, right?

LISA Yes, I'm Lisa.

JOHN I'm John Miller, from Human Resources. We spoke on the phone.

LISA Right. Nice to finally meet **face-to-face**.

JOHN Likewise. Now, if you follow me, I'll **show** you **around** and introduce you to everyone.

LISA Thank you.

JOHN Also, if you have any questions, don't hesitate to ask. I'll **be happy to** help.

존	안녕하세요. 리사씨 맞죠?
리사	네, 리사입니다.
존	저는 인사부 존 밀러입니다. 저희 전화로 이야기 나눴었죠?
리사	네, 마침내 만나 뵙게 되어 반갑습니다.
존	저도 반갑습니다. 자, 저를 따라오시면, 회사 안내해 드리고 모두에게 소개 시켜드리겠습니다.
리사	감사합니다.
존	그리고 질문이 있으시면 편안하게 물어보세요. 기꺼이 도와드리죠.

FOR SPECIAL ATTENTION

직장 동료에게 처음 자신을 소개할 때 막막하다면, 맡은 역할 또는 업무를 간단하게 소개하고 함께 일하게 되어 기쁘다는 간단한 인사말을 전할 수 있다. 유용한 인사말과 끝맺음 표현들 몇 가지를 사용해보자.

인사말	끝맺음
■ Hello, I'm Dave, a new engineer in the IT department.	■ I look forward to working with you in the future.
■ Hi, Sarah here. I'm the new social media manager.	■ I'm excited to be a part of the team.
	■ I'm happy to be on the team.

face-to-face
페이스 투 페이스

직접 만나서, 대면하여
to meet someone directly and in person

- Let's talk **face-to-face**.
  직접 만나서 이야기하자.
- I finally met our client **face-to-face**.
  나는 마침내 고객을 직접 만났다.

show (someone) around
쇼우 (썸원) 어**롸**운드

~에게 둘러보도록 안내하다, 구경시켜 주다
to act as a guide to someone who is unfamiliar with the area

- Let me **show** you **around** my house.
  우리 집 구경시켜 줄게.
- I'll **show** you **around** the neighborhood.
  동네 구경시켜 줄게.

be happy to (do something)
비 **해**피 투 (두 썸띵)

기꺼이 ~하다
to be glad or eager to do something

- I'**m happy to** help.
  기꺼이 도와드리겠습니다.
- I'd **be happy to** introduce you two.
  기꺼이 두 분을 소개해 드리겠습니다.

DAY 10 LOOKING FOR A COWORKER
회사 동료 찾기

CONVERSATION

FLORA Hi, Alex. Have you seen Tom?

ALEX Yeah. He **took off** just a minute ago.

FLORA Really? Is he taking the day off?

ALEX No. He'll be back **in no time**. Want me to let him know you were looking for him?

FLORA Yes, please. Or just send me a message when he **gets back**.

플로라	안녕, 알렉스. 톰 봤어?
알렉스	응. 방금 나갔어.
플로라	진짜? 오늘 톰 연차 쓴데?
알렉스	아니. 금방 돌아올거야. 너가 찾았다고 톰한테 말해줄까?
플로라	응, 부탁해. 아니면, 톰이 돌아오면 그냥 메시지 하나만 보내줘.

FOR SPECIAL ATTENTION

회사에서 (연차, 휴가 등으로) 자리를 비울 때, 아래와 같이 표현할 수 있다.

- take a day off 특정 하루 연차
- PTO (Paid Time Off) 유급휴가, 연차
- on vacation / on holiday (며칠 이상 자리를 비우는) 휴가
  *영국에서는 주로 "장기 휴가"의 뜻으로, 미국에서는 주로 "쉬는 국경일"로 사용한다.
- on paid leave (출산 휴가, 육아 휴직, 병가 등의 특정한 사유로 인한) 유급 휴가

관용어에서는 단어의 순서가 중요하다. 연차를 뜻하는 "day off"의 순서를 바꾸어, "off day"라고 할 경우 일이 "잘 안되는 날" 혹은 "몸 상태가 좋지 않은 날"을 뜻하니 실수하지 않도록 하자.

| Tom is having an off day. | Tom is off today. / Tom has the day off. |
| 톰은 오늘 컨디션이 안 좋다. | 톰 오늘 연차야. / 톰은 연차를 사용했다. |

take off
테잌 어f

(주로 행적을 알리지 않고 서둘러) 떠나다
(informal) to suddenly leave a place

- Jack **took off** 30 minutes ago.
  잭은 30분 전에 나갔다.
- When he saw me coming, he **took off** in the other direction.
  내가 오는 것을 보자, 그는 반대편 방향으로 가버렸다.

in no time
인 노우 타임

즉시, 당장, 곧, 금방
very quickly or soon

- I'll finish my work **in no time**.
  내 일은 금방 끝낼 예정이야.
- We'll arrive at the office **in no time**.
  우리는 사무실에 곧 도착할 예정이다.

get back
겟 백

돌아오다
to return to a place or condition

- I'll **get back** to work in a minute.
  곧 업무에 복귀할게.
- I need to **get back** to the office to write an email.
  이메일 써야 해서 사무실로 다시 돌아와야 해.

DAY 11 CALLING IN SICK
병가 내기

CONVERSATION

[phone call]

PAUL Hello? Mr. Scott?

MR.SCOTT Yes. Good morning, Paul. What can I do for you?

PAUL I'm sorry for calling so early. I'm feeling a bit **under the weather**. I think I have to **call in** sick.

MR.SCOTT I'm sorry to hear that. Did you **catch a cold**?

PAUL I think so. I'm going to see a doctor soon.

[전화]

폴 여보세요? 스캇 팀장님?

스캇 팀장 그래. 폴, 좋은 아침일세. 무슨 일 있나?

폴 이른 시간 전화드려서 죄송합니다. 몸이 좋지 않아서, 병가를 내야할 것 같습니다.

스캇 팀장 안타깝군. 감기에 걸렸나?

폴 그런 것 같습니다. 곧 병원에 가려고 합니다.

FOR SPECIAL ATTENTION

몸 상태가 좋지 않아서, (업무, 약속 등에) 불참한다고 말할 때 유용하게 사용할 수 있는 표현들이 있다.

- sit (something) out
  I think I need to sit this one out. 이번엔 빠져야 할 것 같아.
- not feeling up to it
  I'm not feeling up to it today. 오늘은 그럴 만한 컨디션이 아니야.

under the weather
언덜 더 웨더

몸이 안 좋은
unwell, sick, or in bad condition

- I've been feeling **under the weather** lately.
  최근에 몸 상태가 좀 안 좋았어.
- Molly's **under the weather** again; I wonder what's wrong.
  몰리 상태가 또 안 좋네. 무슨 일일까?

call in
콜 인

(특히 직장에) 전화를 하다
to deliver one's condition or status by telephone

- I have to **call in** sick today.
  오늘 아프다고 전화를 해야한다.
- I'm just **calling in** to let you know that I'm stuck in traffic.
  차가 막혀서 꼼짝 못한다고 말하려고 전화했다.

catch a cold
켓치 어 콜—드

감기에 걸리다
to be sick with the common cold

- I think I **caught a cold** last night.
  어제 밤에 감기에 걸린 것 같아.
- Get out of the rain, or you'll **catch a cold**!
  비 맞지 않도록 해. 그렇지 않으면 감기에 걸릴 수 있어!

DAY 12
CHEERING UP A COWORKER
회사 동료 응원하기

CONVERSATION

ALEX **Cheer up**, Henry. Your next proposal will go better, I'm sure.

HENRY I hope so. Sorry, I **let** you all **down**.

ALEX Hey, **go easy on** yourself. You didn't let anyone down.

HENRY If you say so... I feel like the director was disappointed.

ALEX **Calm down**. I'm sure it'll all be OK.

알렉스	헨리, 힘내. 확신하는데 다음 제안서는 더 잘 될거야.
헨리	그랬으면 좋겠다. 미안, 모두를 실망시켰어.
알렉스	야, 편히 생각해. 넌 아무도 실망시키지 않았어.
헨리	그렇게 말해주니... 그래도 이사님은 실망하신 것 같아.
알렉스	진정해. 다 괜찮을 꺼야.

FOR SPECIAL ATTENTION

한국에서는 용기를 북돋울 때, "fighting(화이팅)"이라고 표현하지만, 영미문화권 사람들에게는 같은 의미로 사용되고 있지 않다. 영어로 표현했을 때, 흔히 사용하는 응원하는 표현들이 있다.

- hang in there
  Just hang in there. 버텨봐!

- you've got this
  Don't worry. You've got this. 걱정마, 너 할 수 있어.

- keep it up
  Keep it up. Things will be all right. 계속 그렇게 해봐. 다 괜찮아질 꺼야.

- let's get it / let's go
  Let's get it! / Let's go! 한번 해보자!

cheer up
치얼 업

힘내, 기운 내
to become happier

- Everyone needs to **cheer up**!
  모두들 기운을 내!
- You did your best, so **cheer up**.
  너는 최선을 다했어, 그러니까 힘내.

let down
렛 다운

~를 실망시키다
(informal) to disappoint or be disappointed by someone

- I'm worried that I **let** you **down**.
  나는 너를 실망시킬까봐 걱정돼.
- I feel a bit **let down** by my so-called friends.
  소위 친구들이라는 놈들에게 조금 실망했어.

go easy on
고우 이지 온

너그럽게 봐주다, 친절하게 대하다, 살살 다루다
(informal) to treat someone less harshly

- Today is Robert's first day, so **go easy on** him.
  오늘 로버트의 첫 날이니까 친절하게 대해줘.
- This game is just for fun, so **go easy on** your team.
  이 게임은 재미삼아 하는 거니까, 살살해줘.

calm down
캄 다운

진정하다
to stop being upset, angry, or excited

- OK, **calm down** and get back in your seats.
  자, 모두들 진정하고 제 자리로 돌아가세요.
- I know you're upset, but take a deep breath and **calm down**.
  화가 난 것은 알지만, 심호흡 한번 하고 진정해봐.

DAY 13 STARTING A CONFERENCE CALL
화상회의 시작하기

CONVERSATION

[conference call]

JOHN　　Is everybody on? We'll **start up** as soon as Amy joins.

AMY　　Hello? Can you all hear me?

MICHAEL　　Oh. Hi, Amy! Yeah, we can hear you just fine.

AMY　　Sorry for the delay. My microphone stopped working **all of a sudden**.

MICHAEL　　No problem.

JOHN　　Looks like everyone is here. Let's start. Thank you, everyone, for **taking part** in today's remote training session.

[화상회의]

존　　모두들 접속했나요? 에이미님이 참여하는대로 시작하겠습니다.

에이미　　안녕하세요? 제 목소리가 들리시나요?

마이클　　오. 에이미님 안녕하세요! 네, 목소리 잘 들립니다.

에이미　　늦어서 죄송합니다. 갑자기 마이크가 고장 났었습니다.

마이클　　괜찮습니다.

존　　모두들 참석하신 것 같네요. 이제 시작하겠습니다. 오늘 원격 교육 시간에 참여해 주셔서 모두 감사합니다.

FOR SPECIAL ATTENTION

화상회의를 할 때, 기술적인 문제로 곤란을 겪는 상황이 빈번하다. 상대방의 접속 상태가 좋지 않을 때, 아래와 같은 표현을 사용할 수 있다.

- I can't hear you very well. Can you adjust your microphone settings?
  잘 안들려요. 혹시 마이크 설정을 바꿔주실 수 있을까요?

- You're breaking off. I can't see/hear you.
  연결이 끊겨요. 잘 보이지/들리지 않아요.

- I'm getting some static. Could you please mute your microphone when you're not using it?
  잡음이 좀 들려요. 마이크를 사용하지 않을 때는 음소거로 해주세요.

start up
스탈트 업

시작하다, ~이 시작되다
to put into motion or begin an activity

- We'll **start up** as soon as everyone is seated.
  모두 착석하시면 곧 시작하겠습니다.
- The keynote speech **started up** without any problems.
  기조 연설은 아무 문제없이 시작했습니다.

all of a sudden
올 오브 어 서든

갑자기
happening suddenly and without warning

- It started to rain **all of a sudden**.
  갑자기 비가 내리기 시작했다.
- My boss came to my desk **all of a sudden**.
  상사가 갑자기 내 자리로 찾아왔다.

take part
테익 팔트

참여하다, 참가하다
to be involved in something

- The team leader will also **take part** in the meeting.
  팀장님도 회의에 참여할 것이다.
- He refused to **take part** in the meeting.
  그는 회의에 참석하기를 거절하였다.

*take part = partake
동사 "partake"와 동사구 "take part"는 동일한 뜻으로, 대체하여 사용할 수 있다.
I partook in yesterday's conference call with our client.
나는 어제 고객과의 화상회의에 참여했다.

DAY 14 — ENDING A PRESENTATION
발표 끝내기

CONVERSATION

AMY   Thank you all for **making time** today for this meeting. Are there any questions?

MICHAEL   No. Not **for the time being**.

JOHN   Actually, I want to ask if you could send me a copy of today's presentation.

AMY   Of course. Anyone else? Well… If anyone has any questions, please **feel free** to email me. Thanks, everyone.

에이미   오늘 회의를 위해 시간을 내주신 모든 분들께 감사드립니다. 질문 있으신가요?

마이클   아니오. 현재는 없습니다.

존   사실, 오늘 발표 자료를 보내주실 수 있으신지 여쭤보고 싶습니다.

에이미   물론입니다. 다른 질문하실 분은 없으신가요? 그럼… 질문이 있으시면, 편안하게 저에게 이메일 주세요. 모두 감사드립니다.

FOR SPECIAL ATTENTION

화상회의를 할 때, 대화 도중에 끼어들기 어려울 때가 있다. 이야기 도중에 말을 끊어도 괜찮을지 물어보는 다음의 표현을 사용하여 정중하게 이야기할 타이밍을 만들어보자.

- Could I interrupt for just one moment? 잠시 방해해도 (끼어들어도) 될까요?
- Mind if I jump in real quick? 잠시 참여해도 될까요?
- Could I stop you for just a second? (말씀 중 죄송한데) 제가 잠시 좀 얘기해도 될까요?

make time
메이크 타임

시간을 내다
to make oneself available to do something

- I can **make time** to meet on Thursday.
  목요일에 시간 좀 낼 수 있어.
- I don't think I can **make time** today for a meeting.
  오늘 회의에 참석할 시간을 못 낼 것 같아.

for the time being
f오얼 더 **타임** **비**잉

당분간은, 당장은
for now; until other arrangements are made

- Let's go with the red one **for the time being**.
  당분간은 빨간색으로 하자.
- **For the time being**, let's stop working on the project.
  당분간은 그 프로젝트 일은 멈춥시다.

feel free (to do something)
f일 f으뤼 (투 두 썸띵)

(부탁을 기꺼이 허락할 때) 편안하게 ~해도 좋다
to feel no hesitation or worry about doing something

- **Feel free** to call me at any time.
  언제든지 편하게 연락하셔도 됩니다.
- **Feel free** to go out for coffee while we finish the meeting.
  우리가 회의를 마무리하는 동안 밖에 나가셔서 편하게 커피 마시고 오셔도 됩니다.

DAY 15 EVALUATING PERFORMANCE
직원 평가하기

CONVERSATION

MRS. HILL So, **all in all**, you've done extremely well this year.

ALEX Oh... That's a relief.

MRS. HILL You've **lived up to** all expectations. Good work.

ALEX Thank you for saying so... But, with that said, I'd like to know if I'll be getting promoted this year.

MRS. HILL Hmm... I won't **beat around the bush**. We don't usually give out promotions after just one year.

힐 팀장	전반적으로 보아, 올해 굉장히 잘했네요.
알렉스	오. 다행입니다.
힐 팀장	모든 기대에 부응해주었고, 잘했어요.
알렉스	그렇게 말씀해주셔서 감사합니다... 그렇다면, 올해 승진을 할 수 있을지 알고 싶습니다.
힐 팀장	음... 돌려 말하고 싶지 않아요. 우리는 보통 1년차에 승진을 시켜주지는 않아요.

FOR SPECIAL ATTENTION

미국 노동법은 한국의 노동법과는 많이 다르다. 미국의 노동법에는 "임의고용(at-will employment)"이 명시되어 있어서, 고용주 또는 피고용인은 특별한 이유나 사전 예고 없이 해고하거나 퇴사할 수 있다. 업무 실적이 저조하거나 상사 또는 경영진과 지속적으로 갈등을 빚는 경우에도 해고 및 퇴사 통보가 가능하다. 이를 피하기 위해 조심스럽더라도 본인이 먼저 업무 성과나 태도에 대한 피드백을 요청하는 것도 미국 회사에 오래 남는 방법 중 하나이니 명심해두자.

all in all
올 인 올

대체로, 전반적으로 보아
with everything considered

- **All in all**, I think we did a great job.
  대체적으로, 우리가 잘 해낸 것 같아.
- **All in all**, despite the problems at the start, the project came out well.
  전반적으로, 처음엔 문제도 좀 있었지만, 프로젝트가 잘 마무리되었다.

live up to
리-ㅂ 업 투

(기대 등)에 부응하다
to do or be as good as something

- I hope I can **live up to** everyone's expectations.
  모두의 기대에 부응할 수 있으면 좋겠어요.
- He doesn't quite **live up to** all the praise people give him.
  그는 사람들이 보내준 찬사에 그다지 부응하지 못하고 있는 것 같아요.

beat around the bush
빝 어라운드 더 부쉬

돌려서 말하다
to talk about something in an indirect manner or without coming to the point

- Stop **beating around the bush** and tell me what happened.
  빙빙 돌려 말하지 말고, 무슨 일이 있었는지 말해봐.
- I don't want to **beat around the bush**, so I'll say it directly.
  돌려 말하고 싶지 않아, 그러니까 단도직입적으로 말할게.

*직역하자면 "덤불 주위를 치다"라는 뜻으로, 중세 시대 사냥 방법에서 나온 표현이다. 사냥꾼들이 새를 잡을 때, 새가 있는지 없는지 알아보기 위해 덤불 주위를 막대기로 두드렸다고 한다. 이러한 유래로 대화 시 요점을 말하지 않고 일부러 빙빙 돌려서 말하는 것을 뜻하는 관용어가 되었다.

DAY 16

INTERVIEWING
인터뷰하기

CONVERSATION

LAUREN What did you think about the last interviewee?

PAUL **At first**, I wasn't sure if she was qualified for the job. But she seems great.

LAUREN I agree. She's really **on top of** things and easy to **get along** with.

PAUL Let's **hold off on** making any decisions until we meet everyone.

로렌   마지막 면접자 어땠어요?
폴   처음에는, 일에 적합한 사람인지 확신이 안 섰어요.
     그런데, 훌륭한 사람인 것 같네요.
로렌   저도 동의해요. 굉장히 (일처리를) 잘하고 함께 어울리기도 편한 사람이네요.
폴   모두를 만나기 전까지는 결정을 보류합시다.

FOR SPECIAL ATTENTION

민감한 상황에서 영미문화권 사람들은 직설적인 표현을 피하기 위해, 관용어구나 완곡한 표현을 사용한다. 똑똑하지만 게으른 사람에게, "게으르다(lazy)"라고 평가하기 보다는 "아직 다듬어지지 않았지만 숨은 인재(diamond in the rough)"라고 관용어구를 사용하여 돌려서 말할 수 있다.

at first
엣 f얼스트

처음에는
in or at the beginning

- **At first**, I didn't really like him.
  처음에는 그 남자가 별로 맘에 안들었어요.
- I thought you said 5:00 **at first**.
  처음에 5시라고 말한 줄 알았어요.

on top of (something)
온 **톱** 오브 (썸띵)

일을 잘하다, 상황을 훤히 알다
in control of or managing a situation

- My new manager is really **on top of** things.
  우리 새로운 매니저는 정말 모든 일을 잘한다.
- This is important, so you need to stay **on top of** things.
  이것은 중요한 사항이니, 당신이 모든 상황을 잘 알고 있어야 합니다.

get along
겟 얼렁

사이 좋게 지내다, 잘 어울리다
to have a friendly relationship with someone

- Everyone on my team **gets along** well.
  우리 팀의 모든 사람들은 사이 좋게 지냅니다.
- I **get along** well with my coworkers.
  나는 회사 동료들과 잘 지낸다.

hold off on
홀드 **오**f 온

미루다, 보류하다
to wait until later to make a decision

- Let's **hold off on** deciding for now.
  잠시 결정을 보류합시다.
- I'm going to **hold off on** ordering dessert for now.
  디저트 주문하는 건 잠시 미룰게요.

WHILE EATING

SECTION 3

Scan for Preview

- **DAY 17.** Staying In or Going Out 집에서 먹기 혹은 외식하기
- **DAY 18.** Choosing to Eat Out 외식 장소 고르기
- **DAY 19.** Ordering a Coffee 커피 주문하기
- **DAY 20.** Ordering Delivery 배달음식 고르기
- **DAY 21.** Ordering Fast-Casual Food 패스트 캐주얼 음식 주문하기
- **DAY 22.** Making a Reservation 식당 예약하기
- **DAY 23.** Asking For the House Recommendation 식당 메뉴 추천받기
- **DAY 24.** Complaining about Food 음식에 대해 불평하기
- **DAY 25.** Paying For Food 식당에서 계산하기

DAY 17
STAYING IN OR GOING OUT
집에서 먹기 혹은 외식하기

CONVERSATION

CHLOE Hey! Want to go out for dinner?

ROSE I think I'm going to **stay in** tonight.

CHLOE What? Why?

ROSE I'm kind of **broke** right now. So, trying to save money.

CHLOE Don't worry. I'll **pick up the tab**.

ROSE You're sure? I don't want to impose.

CHLOE It's fine. Let's go!

클로이	야! 나가서 저녁 먹을까?
로즈	오늘은 집에 있으려고.
클로이	아? 왜?
로즈	나 지금 조금 빈털터리야. 그래서 돈을 좀 아끼려고.
클로이	걱정마. 내가 쏠게.
로즈	정말 괜찮겠어? 폐 끼치고 싶지 않은데.
클로이	괜찮아. 가자!

FOR SPECIAL ATTENTION

민감한 주제에 대해서 영미문화권 사람들은 직설적인 표현을 피하기 위해, 관용어구나 완곡한 표현을 사용한다. 돈이 부족하다고 말하는 난처한 상황을 말할 때 사용할 수 있는 완곡한 표현들이 있다.

- **I'm short on cash.** 현금이 모자라요.
- **Money is tight.** 가진 돈이 별로 없어. (주머니 사정이 안 좋아.)
  *"가진 여유 돈이 별로 (거의) 없다"는 뜻으로, 상대적으로 돈이 없다는 것을 표현할 때 사용한다.

stay in
스테이 인

나가지 않다 (집에 있다)
to remain inside or at home

- I'm going to **stay in** tonight and watch the game.
  오늘 저녁에는 안 나가고 집에서 경기 볼거야.
- I'm not feeling well, so I think I'll **stay in**.
  오늘 컨디션이 좋지 않아서, 집에 있을게.

(be) broke
(비) 브로-ㅋ

빈털터리의, 무일푼의
(informal) not having any money

- I can't go out tonight because I'm **broke**.
  나 빈털터리라서, 오늘 외출할 수가 없어.
- If I keep going out, I'll be **broke** by the end of the month.
  계속 외출하면, 월말 쯤에는 빈털터리가 될 거야.

pick up the tab
픽 업 더 텝

지불하다, 계산하다
to pay the bill

- Don't worry about the cost. I'll **pick up the tab**.
  비용은 걱정하지 마. 내가 낼게.
- Can you **pick up the tab**? My wallet's in the car.
  너가 계산해줄 수 있어? 지갑을 차에 두고 왔어.

DAY 18 — CHOOSING TO EAT OUT
외식 장소 고르기

CONVERSATION

[message]

ANDREW   Wanna **eat out** tonight?

ZOE   Sure. Where you wanna go?

ANDREW   I've been **dying to** try Jessie's.

ZOE   IDK

ANDREW   Come on! It's supposed to be really good. Let's **check it out**.

[문자]

앤드류   오늘 나가서 먹을래?

조이   그래. 어디가고 싶은데?

앤드류   제시스 너무 가보고 싶었어.

조이   잘 모르겠어.

앤드류   에이 가자! 진짜 괜찮대.
한번 확인해보자.

FOR SPECIAL ATTENTION

무엇을 먹고 싶냐는 상대의 질문에, "나는 원한다(I want)…"는 형식의 답변 외에도 자연스럽게 사용할 수 있는 표현들이 많다.

- I'm in the mood for… 나는 ~을 먹고 싶은 기분이다.
- I've been craving… 나는 ~이 당긴다.
- I feel like having… 나는 ~을 먹고 싶다.
- … sounds really good right now. 지금 ~가 맛있을 것 같다.

eat out
잇 아웃

외식하다
to eat someplace outside of home

- I'm going to **eat out** tonight.
  오늘 저녁에 외식할 예정이야.
- I try not to **eat out** too often.
  외식을 너무 자주 하지는 않으려고 해.

dying to (do something)
다이잉 투 (두 썸띵)

~하고 싶어 안달이다, 정말 ~하고 싶다
to be very excited or eager to do something

- I'**m dying to** try this new menu.
  나 이 신메뉴 너무 먹어보고 싶어.
- Sarah **is dying to** meet her favorite singer.
  세라는 그녀의 최애 (최고로 좋아하는) 가수를 만나고 싶어 안달이다.

check out (someone/ something)
쳌 (잇) 아웃

(흥미로운 것)을 확인하다
to look at or examine someone or something to see if you like them or it

- Let's **check out** that new restaurant.
  그 새로운 식당에 가보자.
- I want to **check out** the new department store.
  그 새로 생긴 백화점이 어떤지 한번 가보고 싶다.

DAY 19 — ORDERING A COFFEE
커피 주문하기

CONVERSATION

BARISTA Hi. What can I get you?
JIN Umm. Can I get a large, iced americano?
BARISTA Is that **for here or to go**?
JIN To go, please.
BARISTA Would you like anything else?
JIN Can I also get a blueberry muffin?
BARISTA Do you want your muffin **warmed up**?
JIN Yes, please.
BARISTA All right. Can I **get** your **name**?
JIN Jin.

바리스타 안녕하세요. 무엇을 도와드릴까요?
진 음. 아이스 아메리카노 큰 사이즈로 주세요.
바리스타 여기서 드실 건가요, 아니면 가져가실 건가요?
진 가져갈게요.
바리스타 또 필요하신 것 있으신가요?
진 블루베리 머핀도 함께 주세요.
바리스타 머핀 데워드릴까요?
진 네, 그렇게 해주세요.
바리스타 알겠습니다. 주문자 성함을 알 수 있을까요?
진 진입니다.

FOR SPECIAL ATTENTION

커피 주문 시, 일반적으로 옵션을 주문하는 순서가 있다. 바리스타는 보통 그 순서대로 질문을 하면서 주문이 맞는지 체크한다.

- "A large double-shot iced vanilla latte with soy milk, please."
  샷 두개 넣은 아이스 바닐라 라떼 큰 사이즈 한 잔 주세요. 우유 대신 두유 넣어주세요.

  1. 사이즈: small, large
  2. 에스프레소 양: single-shot, double-shot, triple shot
  3. 온도: iced *vs.* hot (따로 요청하지 않으면, 뜨거운 음료가 기본 세팅이다.)
  4. 음료: latte, cappuccino, americano, etc.
  5. 추가 주문: milk, cream, decaf (카페인이 없는 것), cinnamon, syrup, etc.

for here or to go
f오 **히**얼 오얼 투 고우

여기서 드실 건가요, 아니면 가져가실 건가요?
asked at restaurants to see if a patron will dine in or out

- Would you like that **for here or to go**?
  여기서 드시고 가실 건가요, 아니면 가져가실 건가요?
- And will that be **for here or to go**?
  그렇다면, 여기서 드실 건가요, 아니면 가져가시나요?

warm up (something)
월–ㅁ 업 (썸띵)

(식은 음식을) 데우다
to heat or reheat something

- Do you want that sandwich **warmed up**?
  샌드위치 데워드릴까요?
- Can you **warm up** my tea, please?
  이 차 좀 따뜻하게 데워주시겠어요?

get (someone's) name
겟 (썸원쓰) 네임

이름을 알다
to ask for someone's name

- Could I **get your name**?
  성함을 알 수 있을까요?
- I didn't **get your name**.
  성함을 못 들었습니다.

DAY 20 ORDERING DELIVERY
배달음식 고르기

CONSERVATION

MAX Let's **order in** tonight. I don't feel like cooking.

RILEY I'm kind of **in the mood** for fried chicken.

MAX Same here! How about Wild Wings?

RILEY Do you like them?

MAX I like their sides. They have the best fries **by far**.

RILEY Yeah. I like their sides, too.

맥스	우리 오늘은 시켜 먹자. 요리하기 싫다.
라일리	나는 치킨이 당기는 걸.
맥스	나도! 와일드 윙즈 어때?
라일리	거기 좋아해?
맥스	나 거기 사이드 메뉴 좋아해. 거기 감자튀김이 내가 먹어 본 것들 중 최고야.
라일리	맞아. 나도 거기 사이드 메뉴 좋아해.

FOR SPECIAL ATTENTION

식당 음식을 포장하여 매장 이외의 다른 곳에서 식사를 하고 싶을 때, 미국에서는 "takeout," 영국에서는 "takeaway"라고 주로 쓴다. 두 표현 모두 옳은 표현으로, 영미 문화권 사람들은 어느 표현을 써도 이해할 수 있다.

order in
오r덜 인

(음식을) 배달시켜 먹다
to order food to be delivered to you

- Let's **order in** tonight.
  오늘 저녁은 배달시켜 먹자.
- You can **order in** with this app.
  이 앱으로 배달시켜 먹을 수 있다.

in the mood (for something)
인 더 **무**드 (f오얼 썸띵)

~할 기분이다
wanting something or wanting to do something

- I'm **in the mood** for Chinese food.
  중국 음식이 당겨/먹고 싶어.
- I'm not **in the mood** for pancakes.
  팬케이크 먹을 기분이 아니야.

by far
바이 f아

너무, 단연코
by a large amount

- This is the best burger I've ever had **by far**.
  내가 지금까지 먹어본 버거들 중 이게 단연코 최고야.
- This is **by far** the dirtiest restaurant I've ever been to.
  이 식당은 지금껏 내가 가 본 곳들 중에서 제일 더러워.

DAY 21 — ORDERING FAST-CASUAL FOOD
패스트 캐주얼 음식 주문하기

CONVERSATION

*Fast-casual = 패스트 캐주얼 식당은 패스트푸드점과 레스토랑의 중간 형식의 식당으로 음식, 서비스 및 분위기가 패스트푸드 식당 보다는 질이 좋다.

CHARLES Hi. I'd like a burrito bowl, please.

STAFF How would you like it?

CHARLES Brown rice, chicken, and black beans, please. Oh, can I get double chicken?

STAFF Of course. What would you like on top?

CHARLES Lettuce, sour cream, and guac **on the side**.

STAFF Would you like to try our new Atomic hot sauce?

CHARLES I'll **give it a shot**.

STAFF You won't regret it. Can I get you anything else?

CHARLES Yeah. Can I get a soda, too? Easy on the ice.

STAFF No problem. Just wait for a second, and someone will come and **ring** you **up**.

찰스 안녕하세요. 부리또 볼 주세요.
직원 어떻게 조합해드릴까요?
찰스 현미밥, 치킨, 그리고 검은콩 주세요. 아, 치킨 많이 주세요.
직원 물론이죠. 위에 무엇을 올려드릴까요?
찰스 양상추와 사워크림 주시고, 과카몰리는 따로 주세요.
직원 저희 새로 나온 '핵 매운 핫소스' 한번 드셔보실래요?
찰스 시도해볼게요.
직원 후회 안 하실거에요. 더 필요한건 없으세요?
찰스 네, 있어요. 탄산음료도 주실 수 있나요? 얼음은 조금만 주세요.
직원 알겠습니다. 잠시 기다려 주시면, 저희 직원이 계산 도와드리겠습니다.

FOR SPECIAL ATTENTION

패스트 캐주얼 식당에서는 알콜이 포함되지 않은 음료(soft drinks)를 시키면 주로 해당 사이즈의 컵만 주고, 자신이 원하는 음료를 직접 음료 기계(dispenser)에서 따르면 된다. 드라이브스루(drive-through)나 배달을 시킬 경우, 컵에 얼음을 가득 채워주는 것이 일반적이다. 이럴 경우, 얼음의 양을 조절해달라고 요청할 때 사용하는 표현들이 있다.

- **easy on the ice** (얼음을 적게 원할 때)
  I'd like a large Coca-Cola, easy on the ice.
- **hold the ice** (얼음을 아예 원치 않을 때)
  I'd like a Diet Coke. Hold the ice.
- **light ice** (얼음을 적게 원할 때)
  I'd like an iced americano with light ice.

on the side
온 더 **사**이-ㄷ

(주 메뉴와는) 따로, 별도로
served separately from the main meal; served next to something instead of on top of it

- Can I get the sauce **on the side**?
  소스는 따로 주실 수 있을까요?
- The salad dressing is served **on the side**.
  샐러드 드레싱은 따로 준비해드렸습니다.

give it a shot
기-ㅂ 잇 어 **샷**

(한 번) 시도해 보다
to try or attempt to do something

- I'll **give it a shot**.
  제가 시도해볼게요.
- Why don't you **give it a shot**?
  시도해보지 않을래?

ring up
링 업

계산하다
to enter the cost of something on a cash register

- I'll **ring** you **up** on register four.
  4번 계산대에서 계산해드리겠습니다.
- Take these to the counter where they'll **ring** you **up**.
  이것을 들고 카운터로 가시면 계산 도와드리겠습니다.

DAY 22 — MAKING A RESERVATION
식당 예약하기

CONVERSATION

[phone call]

SERVER   Hello, Chadwick's. How can I help you?

FRASER   Hi, I'd like to reserve a table for two today at 6 p.m.

SERVER   I'm sorry. We**'re** all **booked up** at 6 p.m. Can I **pencil** you **in** for 7:30?

FRASER   Yeah. That'll work.

SERVER   What's the name?

FRASER   Fraser. That's F-R-A-S-E-R.

SERVER   Thank you, Fraser. So, a table for two, today at 7:30. We **look forward to** seeing you.

[전화]

직원   안녕하세요. 채드윅스입니다. 어떻게 도와드릴까요?

프레이져   안녕하세요. 오늘 오후 6시에 2명 자리 예약하고 싶습니다.

직원   죄송합니다. 오후 6시는 모두 예약이 마감되었습니다. 일단 7:30으로 예약해드려도 괜찮을까요?

프레이져   네, 그렇게 해 주세요.

직원   성함이 어떻게 되시나요?

프레이져   프레이져입니다. F-R-A-S-E-R입니다.

직원   프레이져씨, 감사합니다. 두명 자리로 오늘 7:30 예약되었습니다. 곧 뵙겠습니다.

FOR SPECIAL ATTENTION

예약 인원 수에 따라 식당에 자리를 예약하는 다양한 표현이 있다.

- (일행이 많은) 단체석을 요청할 때
  I'd like to book a section of the restaurant for a party. 파티를 위해서 단체석을 예약하고 싶습니다.
- (여러 사람이 가지만) 개별 테이블을 요청할 때
  I'd like to reserve two tables, 4 people on each. 4명씩 두 테이블을 예약하고 싶습니다.
- 특별한 요청이 따로 있을 때
  I'd like to request a table near the window. / I'd like to get a booth. / I'd like to arrange for outdoor seating.
  창가 자리로 예약 부탁드립니다. / 부스 자리로 부탁드립니다. / 야외 자리로 부탁드립니다.

be booked up
비 북-ㄷ 업

예약이 마감되다, 선약이 있다
to be unable to accept a reservation or appointment because something is full or someone is not available

- I'm sorry. We're all **booked up** this weekend.
  죄송합니다. 이번주 주말은 모두 예약이 마감되었습니다.
- **Are** you **booked up** for dinner on Friday?
  금요일 저녁 선약 있어?

pencil in
팬슬 인

(나중에 바뀔지도 모르지만) 일단 예정에 넣다
to put someone or something on a schedule or list

- I'll **pencil in** a meeting for Wednesday at 3 p.m.
  회의를 수요일 오후 3시로 잡아두겠습니다.
- When can you **pencil** us **in**?
  우리 일정을 언제로 잡아줄 수 있어?

look forward to (something)
룩 f오월드 투 (썸띵)

~을 기대하다
to be excited about something that is going to happen

- I **look forward to** seeing you.
  만나 뵙기를 기대하겠습니다.
- I'm **looking forward to** going to the restaurant tonight.
  오늘 저녁에 식당에 가기로 한 것이 기대가 된다.

DAY 23 ASKING FOR THE HOUSE RECOMMENDATION 식당 메뉴 추천받기

CONVERSATION

SERVER　Good evening. Have you decided on the menu?

MARY　Not quite.

SERVER　Please **take your time**.

MARY　Actually, can you give me your opinion? I'm **torn between** having the beef and the pork.

SERVER　We're famous for our pork, ma'am.

MARY　OK. I'll **give** you **the benefit of the doubt** and have that.

SERVER　Excellent.

직원　안녕하세요. 메뉴 결정하셨나요?
메리　아직이요.
직원　천천히 결정하세요.
메리　사실, 추천을 받을 수 있을까요? 저는 소고기와 돼지고기 사이에서 고민 중입니다.
직원　저희 식당은 돼지고기로 유명합니다.
메리　네. 그럼 믿고 그것으로 주문하겠습니다.
직원　훌륭한 선택이십니다.

FOR SPECIAL ATTENTION

소고기(beef), 돼지고기(pork), 양고기(mutton), 사슴고기(venison) 등의 단어는 모두 11세기 프랑스의 노르망디 공작 윌리엄 1세가 영국의 앵글로색슨 족을 정복하고 노르만 왕조를 세우면서 프랑스어에서 유래한 단어들이다. 당시 영국의 앵글로색슨 족이 도축하면서 사용했던 평민들의 언어와 구별하기 위해, 프랑스 지배층들은 cow(소)와 pig(돼지) 대신 *bœuf*(소고기)와 *porc*(돼지고기)로 부르기 시작했고, 이것이 점차 영어 단어로 정착하게 되었다.

반면, 생선 요리(fish)와 닭 요리(chicken)는 기존 영어 단어 그대로 사용한다. 이는 프랑스 단어 *poisson*(생선)과 독극물을 뜻하는 영어단어 posion이 유사했기 때문이거나 조류 요리를 다양한 이름으로 표현했기 때문일 것으로 추측된다.

take (one's) time
테익 (원스) 타임

천천히 하다, 여유를 가지다
to not be in a hurry to do something

- We still have an hour, so **take** your **time**.
  우리 아직 1시간 여유가 있으니 천천히 해.
- You can **take** your **time** getting ready.
  (시간 여유가 있으니) 천천히 준비해도 돼.

torn between (something and something)
토언 비트윈 (썸띵 앤 썸띵)

~사이에서 갈피를 잡지 못하다 (어쩔 줄을 모르다)
to want or want to do two things equally

- I'm **torn between** the red and the blue.
  나는 빨간색과 파랑색 사이에서 뭘 고를까 고민 중이야.
- I feel **torn between** having a family and a career.
  나는 가정을 꾸릴지 혹은 일을 선택할지 고민 중이다.

give (someone) the benefit of the doubt
기-ㅂ (썸원) 더 베네fit 오브 더 다웃

~의 말을 믿어 주다
to trust or accept that someone is honest in a situation where you are doubtful

- Can you **give** me **the benefit of the doubt** just this once?
  이번 한 번만 나를 믿어줄 수 있어?
- I'll **give** you **the benefit of the doubt** and go with your choice.
  너를 믿고 너의 선택으로 갈게.

DAY 24
COMPLAINING ABOUT FOOD
음식에 대해 불평하기

CONVERSATION

CAMILA Is there something wrong with your food?

LIAM I'm pretty sure I asked for my steak to be medium-rare. It's a bit overcooked.

CAMILA **Send** it **back**.

LIAM No. I'll **let** it **slide**.

CAMILA You don't have to **put up with** that. Let me speak with the waiter.

카밀라	음식에 무슨 문제 있어?
리암	나는 내 스테이크 분명히 미디엄-레어로 주문했는데, 좀 너무 익힌 것 같아.
카밀라	돌려보내자.
리암	아니야. 그냥 넘어가자.
카밀라	이런 건 안 참아도 돼. 내가 웨이터한테 말해 볼게.

FOR SPECIAL ATTENTION

미국 레스토랑에서 특히 스테이크, 달걀요리나 수제 햄버거를 주문할 때, 웨이터가 "어떻게 조리해드릴까요(How would you like that)?"라고 물어볼 것이다. 이는 손님마다 좋아하는 고기의 굽기 정도나 달걀 조리 방식이 다를 수 있기 때문에 묻는 질문이다.

고기류 (덜 굽는 순서로)
- rare
- medium-rare
- medium
- medium-well
- well-done

달걀 (다양한 조리 방식)
- hard-boiled
- sunny side up
- over easy / over medium
- scrambled
- poached

send back
샌드 백

돌려주다, 돌려 보내다
to return something you are not happy with

- If that's not what you ordered, you should **send** it **back**.
  너가 주문한 것이 아니라면, 돌려보내야 한다.
- My steak was overcooked, so I **sent** it **back**.
  내 스테이크가 너무 익혀져서, 되돌려 보냈다.

let (something) slide
렛 (썸띵) 슬라이-드

(못 본 척) 넘어가다
to do nothing about a mistake or bad behavior

- Can you **let** it **slide** this once?
  이번에 넘어가주면 안될까?
- The waiter gave me the wrong order, but I **let** it **slide**.
  웨이터가 주문한 것을 잘 못 주었지만, 그냥 넘어갔어.

put up with
풋 업 윗

참고 견디다
to patiently accept someone or something that is bothersome

- Don't **put up with** that kind of behavior.
  저런 태도는 참아주지 마.
- Thank you for **putting up with** that interruption.
  중간에 끼어들었던 것 양해해 주셔서 감사드립니다.

DAY 25
PAYING FOR FOOD
식당에서 계산하기

CONVERSATION

JANE	Thanks for the wonderful evening. Please let me pay for dinner.
MARK	No. I can't let you do that. Dinner is **on me**.
JANE	Why don't we **split the bill** then?
MARK	Well, if you insist.
JANE	Waiter! Excuse me!
WAITER	Yes. How can I help you?
JANE	Could we get the check, please?
WAITER	Of course. I'll **be right back** with it.

제인	오늘 저녁 너무 즐거웠어요. 저녁은 제가 사도록 할게요.
마크	아니요. 그렇게 할 수는 없죠. 저녁은 제가 사겠습니다
제인	그럼 더치페이로 할까요?
마크	음, 네, 정 그러시다면.
제인	저기요!
웨이터	네, 어떻게 도와드릴까요?
제인	계산서 주시겠어요?
웨이터	그럼요. 금방 갖다 드리겠습니다.

FOR SPECIAL ATTENTION

더치페이를 할 때, 한국인들이 흔히 "Let's Dutch pay"라고 잘못된 영어 표현을 쓰는 경우가 많다. "돈을 나누어 계산하자"는 올바른 표현은 "Let's go Dutch" 혹은 "Let's split the bill"이다. 영미문화권에서 각자 계산하는 것이 더 일반적이지만, 확실하지 않을 때는 영수증을 들고 있는 사람에게 "얼마 줘야 해(What do I owe?)" 혹은 "우리 어떻게 나눠서 계산할까(How should we split this)?"라고 물어보는 것이 좋다.

(be) on me
(비) 온 미

내가 쏠게
(informal) used to say that you are paying for something

- Coffee is **on me** today.
  오늘 커피는 내가 쏠게.
- Let's go out for dinner. It's **on me**.
  저녁 먹으러 나가자. 내가 쏠게.

*동일한 뜻으로 "my treat"이라고도 한다.

split the bill
스플릿 더 빌

(비용을) 각자 부담하다, 나눠서 내다
to pay a bill or charge equally between participants

- Let's **split the bill** to be fair.
  우리 공평하게 나눠서 내자.
- I can't ask you to **split the bill** when I ate more.
  내가 더 많이 먹어서 비용을 각자 부담하자고 하기 좀 그래.

be right back
비 롸잇 백

곧 돌아오다
used to say you will leave for a short period and return soon

- I'll **be right back**, I have to take a phone call.
  전화를 받아야 해서, 잠시 후에 곧 돌아오겠습니다.
- Can you let our guest know that I'll **be right back**?
  손님에게 제가 금방 돌아오겠다고 알려주실 수 있을까요?

WHILE OUT

SECTION 4

Scan for Preview

DAY 26. **Talking about the Weather** 날씨 이야기하기
DAY 27. **Giving a Friend a Ride** 친구 차 태워주기
DAY 28. **Introducing a Friend** 친구 소개하기
DAY 29. **Gossiping** 사사로운 잡담하기
DAY 30. **Getting a Haircut** 미용실에서 머리 자르기
DAY 31. **Opening an Account at the Bank** 은행에서 계좌 만들기
DAY 32. **Shopping for Clothes** 옷 쇼핑하기
DAY 33. **Paying For Things** 물건 구매하기
DAY 34. **Asking For a Refund** 환불 요청하기
DAY 35. **Asking For Directions** 길 물어보기
DAY 36. **Giving a Driver Directions** 운전 기사에게 길 알려주기
DAY 37. **Grocery Shopping** 장보기
DAY 38. **Checking In at a Hotel** 호텔에 체크인하기

DAY 26 TALKING ABOUT THE WEATHER
날씨 이야기하기

CONVERSATION

AVA Is it raining outside?

LIAM Yeah. It just started **coming down** out of nowhere.

AVA You're right. It's really **pouring** out there. Do you want to borrow my umbrella?

LIAM No, that's OK. I'm not in any rush. I think I can **wait** it **out**.

AVA Oh, OK. Well, hopefully, it'll **clear up** soon.

에바 밖에 비 내리고 있어?
리암 응. 갑자기 비가 쏟아지기 시작했어.
에바 그렇네. 정말 엄청 내리네. 내 우산 빌려 갈래?
리암 아니야 괜찮아. 안 바빠. 그칠 때까지 기다려도 될 것 같아.
에바 오, 그래. 곧 날씨가 갰으면 좋겠다.

FOR SPECIAL ATTENTION

영어에는 날씨와 관련된 관용적 표현들이 많다. 다만, "rain"이 포함되어 있다고 해서 항상 비와 관련된 내용은 아니니 주의하자.

- **right as rain** 아주 건강한, 상태가 좋은
  I'm still sick, but soon I'll be right as rain. 아직 아프지만, 곧 아주 건강해질 거야.
- **rain on (someone's) parade** 다 된 밥에 재 뿌리다(찬물을 끼얹다).
  Don't rain on my parade! 내 일에 재 뿌리지 마!

come down
컴 다운

(눈, 비 등이) 오다, 내리다
to fall to the ground or to a lower level

- The snow has been **coming down** since last night.
  어제 밤부터 눈이 내리고 있다.
- The rain **came down** suddenly.
  갑자기 비가 왔다.

(it's) pouring
(잇츠) 포어링

(비가) 억수로 퍼붓다
to rain heavily

- It's **pouring** outside!
  밖에 비가 억수같이 내린다.
- I just stepped outside, and it's **pouring**.
  밖에 나가자마자, 비가 억수같이 내리기 시작했다.

wait out
웨잇 아웃

(좋지 않은 일이) 끝나기를 기다리다
to wait until something bad or unpleasant ends

- Let's stay inside and **wait out** the storm.
  우리 실내에서 폭풍이 그치기를 기다리자.
- There's nothing we can do but **wait out** the pandemic.
  전국적인 유행병이 끝나기를 기다리는 것 외에 달리 우리가 할 수 있는 일이 없다.

clear up
클리얼 업

(날씨가) 개다
(for bad weather conditions) to end

Today   Tomorrow

- It'll **clear up** soon, just wait.
  곧 날씨가 갤거야. 잠시만 기다려봐.
- Let's wait until it **clears up** before we go out again.
  날씨가 갤 때까지 안에서 기다리자.

DAY 27 — GIVING A FRIEND A RIDE
친구 차 태워주기

CONVERSATION

JAMES Hey, Abby. Are you headed home? Let me **give** you **a ride**.

ABIGAIL Oh, that'd be a real help. Thanks so much.

JAMES **Get in**!

ABIGAIL Oh, wait… I almost forgot. Can we **stop by** the post office?

JAMES Yeah, sure.

제임스	에비! 집에 가는 길이야? 내가 태워 줄게.
에비	오, 그러면 정말 도움이 될 것 같아. 너무 고마워.
제임스	타!
에비	오, 잠깐만… 깜빡할 뻔 했네. 우리 가는 길에 우체국에 잠깐 들려도 될까?
제임스	응, 물론이지.

FOR SPECIAL ATTENTION

미국에서 차는 일상생활을 하는데 있어서 매우 중요한 교통 수단이다. 사실, 미국의 대부분 지역들은 차가 없으면 이동이 힘든 생활권으로 이루어져 있다. 차가 없을 때, 다른 사람에게 (차를 태워 달라고) 라이드를 부탁할 때 사용하는 다양한 표현이 있다.

- Could I get a ride? 차 좀 태워줄 수 있어?
- Could I get a ride from you? 너의 차 좀 (얻어) 탈 수 있을까?
- Can you drop me off at… 나 가는 길에 ~에 내려줄 수 있을까?
- Mind if I hitch a ride? 내가 (너의 차를) 같이 좀 타고 가도 괜찮을까?

give a ride
기-ㅂ 어 롸이드

~를 태워 주다
to give someone transportation

- Can I **give** you **a ride**?
  태워 드릴까요?
- If you wait a little bit longer, I can **give** you **a ride**.
  조금만 더 기다려주면, 내가 차 태워 줄 수 있어.

*영국에서는 "give a lift"라는 표현을 많이 쓴다.

get in
겟 인

(차량 등을) 타다, 들어가다
to enter a place or vehicle

- Hurry up and **get in** the car!
  빨리 차에 타!
- **Get in** the house before it starts to rain!
  비가 오기 전에 집에 들어와!

stop by
스탑 바이

(지나가는 길에) 잠시 들르다
to go to a place for a short time while going somewhere else

- Can we **stop by** the coffee shop on the way home?
  집에 가는 길에 커피숍에 잠시 들를 수 있을까?
- I have to **stop by** the office.
  난 회사에 잠깐 들러야 해.

DAY 28 INTRODUCING A FRIEND
친구 소개하기

CONVERSATION

CLAIRE Anna? Is that you?

ANNA Claire! Oh, my! You **took** me **by surprise**. How long has it been?

CLAIRE I haven't seen you since graduation.

ANNA Has it been that long? Funny **running into** you here. Oh, where are my manners? This is my friend Timothy. Timothy, this is my college roommate Claire.

TIMOTHY Nice to meet you.

CLAIRE Nice to meet you, too.

ANNA So, what are you doing here? I thought you had moved overseas.

CLAIRE Long story. Maybe we can **catch up** later.

클레어	애나? 너야?
애나	클레어! 어머나! 깜짝 놀랐어. 우리 못 본 지가 얼마나 됐지?
클레어	졸업 이후로 못 봤지.
애나	그렇게나 오래됐어? 널 여기서 우연히 만나다니 신기하다. 아이참, 나 좀 봐. 여기는 내 친구 티모시야. 티모시, 여기는 내 대학교 룸메이트 클레어야.
티모시	만나서 반가워요.
클레어	저도 반가워요.
애나	요즘 어떻게 지내? 네가 해외로 나간 줄 알고 있었는데.
클레어	말하자면 길어. 나중에 이야기 마저 나누자.

FOR SPECIAL ATTENTION

첫인상은 누구에게나 중요할 것이다. 그래서 정중하고 예의 바르게 본인을 소개하고 인사를 하는 것은 만국공통이다. 그러나 미국에서 모르는 사람이 지나가면서 "hi" 혹은 "How are you doing?" 등 가볍게 인사할 때, 가던 길을 멈추고 진지하게 대답해야 하는지 망설이게 되는 경우가 있다. 실제로 미국인들은 자기소개를 하거나 말을 걸기 위한 목적이 아니라 눈이 마주쳤을 때 예의상 건네는 말이다. 그러니 "hi" 혹은 "Good. Thanks." 정도로 가볍게 인사하면 된다.

take (someone) by surprise
테일 (썸원) 바이 서프라이즈

놀라게 하다
to happen to someone or something unexpectedly

- Oh! You **took** me **by surprise**.
  오! 너 때문에 깜짝 놀랐어.
- I called because I didn't want to **take** you **by surprise**.
  너를 놀라게 하기 싫어서 전화했어.

run into
뤈 인투

우연히 만나다
(informal) to meet by chance

- Funny **running into** you here.
  너를 여기서 우연히 만나다니 신기하네.
- I'm glad I **ran into** you!
  이렇게 우연히 만나다니 정말 반갑다!

catch up
켓치 업

따라잡다, (못했던 이야기 등을) 마저 하다
to talk with someone you haven't met in a long time about things you have both done since you last met

- Let's **catch up** real soon!
  빠른 시간 내에 못했던 이야기 마저 하자!
- We have a lot to **catch up** on.
  우리 따라잡아야 할 것들이 많아.

DAY 29 GOSSIPING
사사로운 잡담하기

CONVERSATION

RACHEL **By the way**, what do you think about David and Olivia?

MARK What happened between David and Olivia?

RACHEL Oh. I thought you'd know... I'd better not.

MARK Spill the tea, Rachel.

RACHEL I don't want to talk about someone **behind** their **back**.

MARK Aw... You **brought** it **up**. Come on, **my lips are sealed**.

레이첼	그런데, 데이비드랑 올리비아에 대해서 어떻게 생각해?
마크	데이비드랑 올리비아 사이에 무슨 일 있었어?
레이첼	어머. 너가 알고 있는 줄 알았어... 말하지 않는 게 낫겠다.
마크	레이첼, 썰 풀어봐.
레이첼	뒤에서 몰래 누구 얘기하고 싶지 않아.
마크	아이참... 너가 먼저 이야기 꺼냈잖아. 말해봐, 나 입 무거워.

FOR SPECIAL ATTENTION

다른 사람의 사적인 내용을 뒤에서 몰래 이야기하는 것을 내놓고 자랑할 만한 일은 아니지만, 누구나 다 한 번 쯤은 해 봤을 경험이다. 새로운 세대마다 유행하는 표현은 다르겠지만, 미국인들이 자주 사용하는 표현들이 있다.

- spill the tea / spill the beans 썰 풀어 봐. 털어놔봐.
- dish the dirt 뒷소문을 이야기해봐
- throw shade 공개적으로 비꼬다, 은근하게 상대를 돌려 까다

by the way
바이 더 웨이

(대화에서 화제를 바꿀 때) 그런데, 그나저나
used to introduce a new subject

- **By the way**, what time is it?
  그런데, 지금 몇시야?
- What are your plans for the weekend, **by the way**?
  그나저나 이번 주말 계획이 뭐야?

behind (someone's) back
비하**인**드 (썸원쓰) **백**

(뒤에서) 몰래
(informal) done in secret or without a person's knowledge

- You shouldn't talk **behind** someone's **back**.
  뒷담화는 해서는 안 돼.
- He went **behind** my **back** and told my boss what happened.
  그는 무슨 일이 있었는지 몰래 상사에게 이야기했다.

bring up (something)
브**링** 업 (썸띵)

(이야기를) 꺼내다
to mention something

- Don't **bring up** the past right now.
  지금 과거 이야기 꺼내지 마.
- I hate to **bring up** bad news, but…
  안 좋은 소식 꺼내서 미안한데…

my lips are sealed
마이 립스 얼 **쉴**드

입이 무겁다, 비밀을 지키다
used to say that you will keep a secret that someone has told

- A: Please don't tell anyone. B: **My lips are sealed**.
  A: 제발 아무한테도 말하지 말아줘. B: 비밀 지켜 줄게.
- Your secret is safe with me. **My lips are sealed**.
  너의 비밀 지켜 줄게. 나 입 무거워.

DAY 30 — GETTING A HAIRCUT
미용실에서 머리 자르기

CONVERSATION

HAIRDRESSER So, how would you like your hair done?

JOHN Can you remove the split ends? Oh, and can you **fix up** my hairline?

HAIRDRESSER No problem. Need anything else?

JOHN I'm a little **sick and tired of** my hair color. I was thinking about dying it.

HAIRDRESSER I think you'd look great in a lighter color.

JOHN Yeah? I'm **down for** it.

HAIRDRESSER All right. Let's get started.

미용사	자, 머리를 어떻게 해드릴까요?
존	갈라진 머리 끝을 제거해주세요. 아, 그리고 제 헤어라인(앞머리 선)도 단정하게 정돈해 주실 수 있나요?
미용사	알겠습니다. 다른 필요한 부분은 없으신가요?
존	제 머리 색에 좀 싫증이 나요. 염색할까 생각 중입니다.
미용사	약간 더 밝은 색이 잘 어울리실 것 같아요.
존	그래요? 전 좋습니다.
미용사	알겠습니다. 시작해보겠습니다.

FOR SPECIAL ATTENTION

해외에 나가서 미용실을 방문하는 것은 문화나 스타일이 달라서 골치 아픈 일이다. 원하는 사진을 가져가면 가장 좋겠지만, 그렇지 못할 경우 머리 스타일을 설명하는 기본적인 표현들이 있다.

알아두면 좋아요
- bleach 탈색하다
- trim 다듬다
- straighten (머리카락을) 똑바로 펴다
- perm 파마하다

fix up
f익스 업

고치다, 단장하다
to make things right or improved

- Can you **fix up** the room a bit?
  방을 좀 정리할 수 있겠니?
- I need to **fix up** my hair before we go out.
  우리 나가기 전에 머리 좀 단장할게.

sick and tired of (something)
씩—ㅋ 앤드 타이얼드 오브 (썸띵)

~에 싫증이 난, 질린
being angry or bored with something that has been happening for a long time

- I'm **sick and tired of** eating the same thing for lunch every day.
  점심으로 매일 똑같은 음식 먹는 것에 이제 질렸어.
- I'm **sick and tired of** this song.
  이 노래 싫증난다.

*tired뒤에 오는 전치사에 따라 의미가 달라진다.
 - tired of ~에 싫증이 나다, 질리다
 - tired from ~때문에 피곤하다

(be) down for
(비) 다운 f오

~을 하고 싶어 하다
to be willing to do something

- I'm **down for** anything.
  나는 아무거나 좋아.
- Are you **down for** drinks this weekend?
  이번 주말에 술 한 잔 어때?

*be down for vs. be up for
둘 모두 "~을 하겠다"의 의미로 큰 차이는 없다. 단지, 원어민들 사이에서는 "I'm down (for it)"은 조금 더 편안한 사이에 긍정적으로 동의할 때 사용하고, "I'm up for it"은 격식을 차려 도전적인 과제를 할 준비가 되어있다는 상황에 더 많이 쓰인다.

DAY 31

OPENING AN ACCOUNT AT THE BANK 은행에서 계좌 만들기

CONVERSATION

AMY	Hi. I'd like to **set up** a checking account.
MANAGER	OK. I'll need you to **fill out** the basic forms and provide a valid form of ID, such as a passport or driver's license.
AMY	Here you go.
MANAGER	To open an account, you'll need to make a minimum deposit of $10.
AMY	I'd like to **put in** $500 if that's all right.
MANAGER	Of course.

에이미	안녕하세요. 입출금 계좌를 만들고 싶습니다.
은행 직원	네. 여기 기본 서류들 작성해 주시고, 여권이나 운전면허증 같은 법적 효력이 있는 신분증 주세요.
에이미	여기요.
은행 직원	계좌 개설하시려면 최소10달러의 예금을 넣으셔야 합니다.
에이미	괜찮다면, 500달러를 넣고 싶습니다.
은행 직원	물론이죠.

FOR SPECIAL ATTENTION

미국에서 계좌를 개설하는 것은 쉬운 일이 아니다. 대부분의 작은 은행의 경우, 공식적인 개인 신원 번호 SSN(Social Security Number)을 요구하기 때문에 미국 시민권자 혹은 영주권자만 계좌를 개설할 수 있다. 대형 은행들은 비거주자들도 허용하지만 미국 세금 보고에 필요한 개인 식별 번호인 ITIN(Individual Taxpayer Identification Number)과 여러 가지 공식적인 신분증 및 서류를 요구한다.

set up
셋 업

~을 설치하다, (은행계좌를) 개설하다
to create something or make something ready to be used

- I'd like to **set up** a savings account, please.
  적금 통장을 만들고 싶습니다.
- Can you help me **set up** my work computer?
  내 회사 컴퓨터 설치하는 것 좀 도와줄 수 있어?

fill out
f일 아웃

(양식이 있는 서류, 문서 등을) 작성하다
to complete an official form or document

- Please **fill out** the forms and bring them back to me.
  해당 서류를 작성하여 저에게 다시 가져오세요.
- **Fill out** the bottom part of this form.
  이 서류의 하단 부분을 작성해주세요.

put in
풋 인

(돈을) 넣다, 입금하다
(informal) to deposit money into an account

- My mom **put** $300 **in** my checking account.
  우리 엄마가 내 입출금 계좌에 300달러를 넣었다.
- He **put** most of his savings **in** a restaurant venture.
  그는 저축한 돈 대부분을 레스토랑 벤처 사업에 넣었다.

*put in ↔ take out 인출하다
 Could you take out $500 from my checking account?
 제 입출금 통장에서 500달러를 인출해 주시겠어요?

DAY 32 SHOPPING FOR CLOTHES
옷 쇼핑하기

CONVERSATION

ROSE Excuse me. Could you **give** me **a hand**?

STAFF Of course. How can I help you?

ROSE Do you have this in a size 6?

STAFF I'm sorry. That's our last one.

ROSE I need to **dress up** for a work event next week. Do you have anything similar in my size?

STAFF How about this?

ROSE Not bad. Mind if I **try** it **on** first?

STAFF No. Let me get you a dressing room.

로즈   실례지만, 혹시 도와주실 수 있을까요?
직원   물론이죠. 뭘 도와드릴까요?
로즈   이거 사이즈 6로 있을까요?
직원   죄송합니다. 그게 마지막이네요.
로즈   이번주 회사 행사 때문에 옷을 갖춰 입어야 하는데, 제 사이즈에 맞는 걸로 추천해주실 만한 것이 있을까요?
직원   이건 어떠신가요?
로즈   나쁘지 않네요. 일단 입어 봐도 괜찮을까요?
직원   네. 피팅 룸으로 안내해 드릴게요.

FOR SPECIAL ATTENTION

해외에서 옷을 쇼핑하다가 보면, 사이즈 표기도 다르고 원하는 상품을 쉽게 찾기 어려울 때가 많다. 기본적인 표현들로 옷가게에서 원하는 것을 찾아보자.

- Could I try this on? / Do you have a fitting room? 입어봐도 될까요? / 탈의실이 있나요?
- Do you have this in a size…? / Do you have this in a smaller(larger) size? 이 옷 사이즈 …가 있을까요? 이 옷으로 더 작은(큰) 사이즈 있나요?
- Do you have this in any other colors? 이 옷 다른 색상이 있나요?
- It's a bit tight. / It's a little baggy. 조금 작은 것 같습니다. / 조금 큰 것 같습니다.

give (someone) a hand
기—ㅂ (썸원) 어 핸—ㄷ

~를 도와주다
to help someone with something

- Can you **give** me **a hand**?
  도와줄 수 있을까요?
- I can **give** you **a hand** if you need help.
  도움이 필요하면, 도와 줄게.

dress up
드뤠쓰 업

(격식에 맞게) 갖춰 입다, 차려 입다
to dress well or in formal attire

- You don't need to **dress up** for dinner tonight.
  오늘 저녁 식사 때문에 차려 입을 필요는 없어.
- Be sure to **dress up** for the meeting.
  회의에 잊지말고 정장차림으로 오세요.

try on
츄롸이 온

(옷 등을) 입어 보다
to put on clothing to see how it looks

- Can I **try** this **on**?
  이거 입어 봐도 될까요?
- Why don't you **try on** a few others?
  다른 것들도 몇 벌 입어 보는 게 어때요?

DAY 33 — PAYING FOR THINGS
물건 구매하기

CONVERSATION

STAFF Did you find everything **all right** today?

PETER Yes. Thank you.

STAFF Did anyone help you today?

PETER Uh, no. I already knew **more or less** what I was getting.

STAFF No problem. So, your total comes out to $158.50. Would you like to pay by cash or credit?

PETER Credit, please.

STAFF OK. Just put your card right there.

PETER **Here you go**.

직원 오늘 필요한 물건들은 모두 구매하셨나요?

피터 네, 감사합니다.

직원 도와 드린 직원이 있었나요?

피터 아, 아니요. 제가 무엇을 살지 어느 정도 알아서 혼자서도 문제없었습니다.

직원 다행이네요. 금액은 158.50달러입니다. 계산은 현금으로 하실까요? 카드로 하실까요?

피터 카드로 하겠습니다.

직원 알겠습니다. 여기에 카드를 꽂아주세요.

피터 여기 있습니다.

FOR SPECIAL ATTENTION

미국 의류 매장에서 계산할 때, "도와 드린 직원이 있었나요(Did anyone help you today)?"라고 질문을 받을 것이다. 이는 미국의 점원들에게 수수료를 주기 때문이다. 쇼핑 중 직원의 서비스가 좋았다면 이름표의 이름을 기억했다가, 계산 시 추천인이 될 수 있는 제도이다. 특별히 도와 준 직원이 없었다면, 간단하게 "no"라고 대답하면 된다. 그 외 계산할 때, 들을 수 있는 질문으로는 다음과 같은 것들이 있다.

- Would you like a bag? 쇼핑 봉투가 필요하신가요?
- Would you like to sign up for our rewards program? 마일리지 포인트에 가입하시겠어요?
- Would you like that gift wrapped? 선물 포장해드릴까요?

all right
올 롸잇

괜찮은
acceptable; satisfactory

- Is everything **all right**?
  다 괜찮아?
- I'll be **all right**, thank you.
  나는 괜찮아, 고마워.

more or less
모얼 오얼 레스

어느 정도, 거의
approximately; somewhat

- The dress is black with lace, **more or less**.
  그 드레스는 어느 정도 레이스가 달린 검정색이다.
- A: How much is it? B: It was $50, **more or less**.
  A: 얼마였어? B: 거의 50달러였어.

here you go
히얼 유 고우

(물건을 건네 주며) 여기 있어요
used when giving something to someone

- Don't forget your card. **Here you go**.
  카드를 챙겨주세요. 여기 있습니다.
- It's from me. **Here you go**.
  내가 주는 거야. 여기 받아.

DAY 34 — ASKING FOR A REFUND
환불 요청하기

CONVERSATION

ALAN Hi. I'd like to return this item.

STAFF OK. What seems to be the problem?

ALAN It won't **turn on**.

STAFF I'm sorry to hear that. Let me see if I can get you a new one.

ALAN Thank you.

STAFF Oh, I'm sorry. It looks like we've **run out** of that particular item. I can offer you an in-store credit or cash refund.

ALAN I think I'll **go with** an in-store credit.

알렌	안녕하세요. 이 물건 환불하고 싶은데요.
직원	네. 무엇이 문제일까요?
알렌	켜지지가 않아요.
직원	유감이네요. 새 제품으로 교환해드릴 수 있는지 확인해보겠습니다.
알렌	감사합니다.
직원	아, 죄송합니다. 그 제품은 재고가 없네요. 매장 포인트(스토어 크레딧) 혹은 현금으로 환불해 드릴 수 있습니다.
알렌	매장 포인트로 (선택) 하겠습니다.

FOR SPECIAL ATTENTION

매장마다 환불 정책이 다르다. 일반적으로 매장에서 환불 혹은 교환 정책에 대해 설명을 해준다. 그렇지 않다면, "What is your store's refund/return policy(여기 매장 환불/교환 정책이 어떻게 되나요?)"라고 물어보면 된다.

turn on
털-ㄴ 온

(전자 기기 등을) 켜다
to activate or start

- Can you **turn on** the television?
  텔레비전 켜줄 수 있어?
- This computer won't **turn on**.
  이 컴퓨터는 켜지가 않는다.

run out
뤈 아웃

(물건이) 다 떨어지다
to be all used up; to end

- I think we **ran out** of toilet paper.
  화장실 휴지가 다 떨어진 것 같아.
- I have to buy one before they **run out**.
  물건이 다 떨어지기 전에 하나 사야 한다.

go with (something)
고우 윗 (썸띵)

고르다, 선택하다
to accept something suggested

- Let's **go with** option A.
  우리 선택지 A로 하자.
- I'm going to **go with** the lobster roll.
  저는 랍스타 롤로 하겠습니다.

DAY 35 ASKING FOR DIRECTIONS
길 물어보기

CONVERSATION

KELLY Excuse me. Can you help me find the subway station?

MAN Yeah, no problem. First, **go up** this street until you **come across** an intersection.

KELLY OK. So just keep going this way. And then?

MAN When you reach the intersection, take a left. **Keep on** that road, and you'll see the subway entrance on your left.

KELLY Sounds easy enough. Thank you so much!

켈리	실례합니다. 지하철역 찾는 것을 도와 주실 수 있을까요?
남자 (행인)	네. 물론입니다. 먼저, 교차로가 나올 때까지 이 길을 따라 올라가세요.
켈리	네. 그러니까 이 길로 계속 쭉 가면 되는군요. 그리고요?
남자 (행인)	교차로에서 왼쪽으로 도세요. 그 길로 계속 가면 왼쪽에 지하철 입구가 보일 겁니다.
켈리	어렵지 않겠네요. 감사합니다!

FOR SPECIAL ATTENTION

미국에서 길을 걷거나 운전을 하다 보면, 대략적인 특징에 따라 분류되는 도로의 영어 명칭들이 있다

- Road 두 지점을 잇는 2차선 길
- Street 동서를 잇는 시내의 도로
- Avenue 남북을 잇는 시내의 도로
- Drive (road와 이어지는) 진입로
- Boulevard (Blvd.) (6차선 정도로 큰) 도시를 가로지르는 대로 혹은 외곽 도로

go up
고우 업

(오르막길을) 올라가다
to move to a higher area; to move along a road

- Just **go up** this road a little more, and you'll see it.
  이 길을 따라 조금만 올라가면 보일 거예요.
- If you **go up** this road, you'll see the restaurant at the top.
  이 길로 올라가면, 꼭대기에 식당이 보일 겁니다.

come across
컴 어크로스

~을 우연히 발견하다
to meet or find by chance or by accident

- I **came across** a great restaurant on the way home.
  집에 오는 길에 멋진 식당을 우연히 발견했다.
- If you keep going straight, you'll **come across** a pharmacy on the right.
  앞으로 쭉 가다보면, 오른쪽에 약국이 보일 것입니다.

keep on
킵 온

계속해서 ~하다
to continue doing

- **Keep on** going straight.
  계속 앞으로 직진해주세요.
- If you **keep on** going, you'll see an exit on the right.
  계속 가면, 오른쪽에 출구가 보일 겁니다.

WHILE OUT — ASKING FOR DIRECTIONS

DAY 36 GIVING A DRIVER DIRECTIONS
운전 기사에게 길 알려주기

CONVERSATION

DRIVER Where to?

KELLY Can you take me to the Mai International Building?

DRIVER Um, I'm not quite sure where that is.

KELLY I can give you directions. First, **get on** 101 headed west.

DRIVER We might get **stuck in traffic** if we get on the 101 right now.

KELLY That's OK. We won't be on it long. We'll **get off** the highway near Alameda. I'll **point out** the exit when we get close.

DRIVER OK. Sounds good.

운전 기사님	어디로 모셔드릴까요?
켈리	마이 국제 빌딩으로 가 주세요.
운전 기사님	음, 위치를 확실하게 모르겠네요.
켈리	제가 가는 길을 알려드릴게요. 먼저, 101번 도로를 타고 서쪽으로 가 주세요.
운전 기사님	지금 101번 도로 타면 막힐 수도 있어요.
켈리	괜찮아요. 그 도로는 오래 안 탈 거예요. 알라메다 근처 고속도로에서 빠져나갈 거예요. 거의 다 가서 말씀드릴게요.
운전 기사님	네. 알겠습니다.

FOR SPECIAL ATTENTION

길을 알려줄 때 흔히 쓰는 표현들이 있다.

- **go straight** 직진하다
- **turn left / turn right** 좌회전하다 / 우회전하다
- **go past** ~를 지나가다
- **cross** ~를 건너서, 건너다
- **in front of / across from** ~의 맞은 편에

get on
겟 온

(올라) 타다
to board a mode of transportation; to enter a street

- **Get on** the train before it leaves.
  기차가 떠나기 전에 타.
- **Get on** 5th Street and go straight for two blocks.
  5번 도로를 타고 두 블록을 직진해주세요.

stuck in traffic
스턱 인 트뤠f-익

(교통 체증에) 막히다
to be trapped or unable to move quickly because of heavy traffic

- I'm going to be late. I'm **stuck in traffic**.
  늦을 것 같아. 지금 차가 꽉 막혔어.
- Are you **stuck in traffic**?
  지금 차가 막히니?

get off
겟 어f

내리다, 빠져 나가다
to exit a mode of transportation; to exit a street; to leave a place

- Let's **get off** the highway.
  고속도로에서 빠져 나가자.
- What time will you **get off** work?
  몇 시에 퇴근하니?

point out
포인-트 아웃

가리키다, 지적하다
to direct someone's attention to something

- I'll **point** it **out** when it passes by.
  지나갈 때 내가 가리켜 줄게.
- Can you **point out** which one you're talking about?
  어떤 것을 말하는지 손으로 가리켜 줄래?

DAY 37 — GROCERY SHOPPING
장보기

CONVERSATION

RUTH Excuse me. Are the kitchen towels still **on sale**?

STAFF Yes, ma'am. But we're almost **out of stock**. So, we're limiting them to two per person.

RUTH I see. Thank you. One more question. Do you have any blueberries?

STAFF Hmm... I think we**'re sold out**. You can find frozen ones in the frozen-food section.

RUTH I guess that'll have to **make do**.

루쓰	실례합니다. 키친타올 아직도 할인 중인가요?
직원	네, 부인. 그런데 재고가 얼마 안 남았어요. 그래서 한 사람 당 2개 구매로 제한하고 있습니다.
루쓰	아 그렇군요. 감사합니다. 하나만 더 물어볼게요. 블루베리도 파시나요?
직원	음... 다 떨어졌네요. 냉동 블루베리는 냉동식품 코너에 있습니다.
루쓰	그거면 될 것 같네요.

FOR SPECIAL ATTENTION

미국의 식료품점은 주로 규모가 크기 때문에, 특정 상품을 찾거나 방향을 찾을 때 간판을 잘 확인해야 한다.

- **produce section** 농산물, 생산물 코너
- **meat section** 육류 코너
- **seafood section** 해산물 코너
- **alcohol, beer, and wine section** 주류 코너
- **the deli** 델리카트슨(delicatessen), (육류나 치즈 등의) 조리식품 판매 코너
- **the bakery / bread aisle** 제과 통로
- **dairy section / dairy aisle** 유제품 통로
- **pharmacy / health and beauty section** 의약품, 건강식품 및 미용소품 코너

on sale
온 세일

할인 판매 중인, 세일 중인
sold at a lower price

- Winter clothing is **on sale** this weekend.
  이번 주말에 겨울 의류가 할인 판매된다.
- There's some microwavable food **on sale** right now.
  지금 전자레인지 데워 먹을 수 있는 음식이 할인 중이다.

out of stock
아웃 오브 스탁

(일시적인) 품절인, 재고가 없는
unavailable for sale

- I'm afraid we're currently **out of stock**.
  죄송하지만, 현재는 재고가 없습니다.
- That item is **out of stock**.
  그 상품은 재고가 없습니다.

be sold out
비 솔드 아웃

(특정 상품이) 다 팔린, 품절된, 매진된
to have no more of the item

- I'm sorry, but we're all **sold out**.
  죄송하지만, 모두 매진되었습니다.
- The new toys **are sold out**, but we'll be getting more this week.
  새로운 장난감들은 품절되었지만, 이번 주에 좀 더 입고될 예정입니다.

make do
메익 두

(아쉬운대로 ~로) 만족하다, 견디다, 버티다
to manage to do something without proper or enough materials

- We'll just have to **make do** with what we have.
  우리가 지금 가진 것으로 견뎌야 한다.
- Can we **make do** with egg noodles?
  에그 누들로 되겠어(버틸 수 있겠어)?

DAY 38 — CHECKING IN AT A HOTEL
호텔에 체크인하기

CONVERSATION

STAFF Hello. Welcome to the Parkview Hotel. How can I help you?

ALEX Hi. I have a reservation for tonight, and I was wondering if I could **check in** early.

STAFF **Hold on** just a moment. I'll see if your room is ready.

ALEX Thank you.

STAFF I'm sorry. It looks like it's still not ready.

ALEX Oh no. I have a meeting soon. Do you think you can **look after** my luggage?

STAFF Of course. Just **drop** it **off** with our bellhop standing over there.

직원	안녕하세요. 파크뷰 호텔에 오신 것을 환영합니다. 무엇을 도와드릴까요?
알렉스	안녕하세요. 오늘 예약이 되어있는데요. 혹시 조금 일찍 체크인해도 될까요?
직원	잠시만 기다려주세요. 방이 준비되었는지 확인해보겠습니다.
알렉스	감사합니다.
직원	죄송합니다. 아직 방이 준비가 안되었네요.
알렉스	오, 안되는데. 곧 회의가 있거든요. 그렇다면 혹시 제 짐이라도 맡길 수 있을까요?
직원	물론이죠. 저쪽에 서 있는 저희 호텔 벨보이에게 짐을 맡겨 놓으세요.

FOR SPECIAL ATTENTION

호텔에 입장하거나 문의 사항이 있을 때, 가장 먼저 찾아 도움을 받는 곳이 안내데스크(front desk)이다. 안내데스크에서 흔히 하는 여러 질문들이 있다.

- What time is breakfast served? 조식은 몇 시인가요?
- Does this hotel have a pool/gym/bar? 이 호텔에 수영장/헬스장/(술 마시는) 바가 있나요?
- Could I get a turn-down service? 제 호텔 방을 청소해주실 수 있나요?
  *턴다운 서비스(turn-down service)는 호텔에서 기존 투숙객의 침구와 객실을 정리한 뒤 새로운 비품으로 교체하는 서비스이다.
- Could we get some extra towels for room 1128? 1128번 방으로 수건을 더 가져다 주실 수 있나요?

check in
쳅 인

(호텔 객실로) 입실하다, 체크인하다
to arrive and register at a hotel or airport

- I'd like to **check in**.
  체크인하고 싶은데요.
- Is it too early to **check in**?
  체크인하기에 너무 이른가요?

hold on
홀드 온

기다리다
(informal) to wait

- Can you **hold on** for just a moment, please?
  잠시만 기다려 주실 수 있을까요?
- **Hold on** while I get us a table.
  자리를 잡을 때까지 잠시만 기다려주세요.

look after
룩 에f-터

~을 맡다, 돌보다
to take care of something or someone

- Will the hotel **look after** our things for a little while?
  호텔이 우리 짐을 잠시동안 맡아줄까?
- Can you **look after** my cat?
  제 고양이를 좀 돌봐 주시겠어요?

drop off (something / someone)
드롭 어f (썸띵/썸원)

내려 주다, 내려 놓다
to deliver or leave something or someone somewhere

- Can we **drop off** our luggage at the hotel?
  우리 짐을 호텔에 내려 놔도 될까?
- **Drop** me **off** at the corner. I'll walk to the hotel.
  모퉁이에서 내려줘. 호텔까지 걸어 갈게.

WHILE OUT — CHECKING IN AT A HOTEL

FOR YOUR HEALTH

SECTION 5

Scan for Preview

- **DAY 39.** Signing Up for a Gym 헬스장 등록하기
- **DAY 40.** Talking to a Training 트레이너에게 내 상태 말하기
- **DAY 41.** Changing an Appointment at the Dentist 치과 예약 변경하기
- **DAY 42.** At the Doctor's Office 의사에게 진료받기
- **DAY 43.** Picking Up a Prescription 처방전 받기
- **DAY 44.** Making an Emergency Call 응급 상황 전화걸기

DAY 39
SIGNING UP FOR A GYM
헬스장 등록하기

CONVERSATION

STAFF Welcome to Spartan Fitness. How can I help you?

MIA I'm thinking about **signing up**. But I have a question. Do you offer personal training?

STAFF Yes, we do. Do you have a fitness goal in mind?

MIA I'd like to **focus on** losing weight.

STAFF I see. Let me introduce you to one of our trainers. He'll be able to help you **come up with** a weight-loss plan.

직원	스파르탄 헬스장입니다. 무엇을 도와드릴까요?
미아	등록할까 생각 중입니다. 그런데 질문이 하나 있습니다. 개인 운동 지도도 해주시나요?
직원	네, 그렇습니다. 원하시는 운동 목표가 있으신가요?
미아	살을 빼는데 집중하고 싶어요.
직원	그렇군요. 저희 트레이너 중 한 명을 소개해 드리겠습니다. 체중감량 계획을 세우시도록 도와드릴 겁니다.

FOR SPECIAL ATTENTION

한국에서 흔히 "다이어트"라고 하면, 운동과 식이조절을 포함하여 체중을 조절하는 전 과정을 모두 일컫는다. 그러나 한국식 "다이어트"의 어원인 영어 단어 "diet"는 단순한 식단조절만을 의미하는 경우에도 흔히 쓰인다. 미국에서는 "식단 조절 중(on a diet)"라고 말한다면, 베지테리안 식단, 비건 식단, 케토 식단 등 다양한 식단 관리를 의미한다.

sign up
싸인 업

등록하다, 신청하다
to agree to participate or be involved in an organized activity

- I'm going to **sign up** for this aerobics class.
  나는 이 에어로빅 수업 등록할 예정이야.
- I **signed up** at a boxing gym.
  나는 복싱장에 등록했어.

focus on
f-오커스 온

~에 집중하다
to give attention to one thing, subject, or person

- I need to **focus on** my health.
  나는 내 건강에 집중해야 해.
- I'm trying to **focus on** my work.
  나는 내 업무에 집중하려고 해.

come up with (something)
컴 업 윗 (썸띵)

~를 생각해내다
to think of and suggest an idea or plan

- Can you **come up with** any good ideas?
  어떤 좋은 방안을 생각해낼 수 있겠니?
- I couldn't **come up with** anything.
  아무런 것도 생각해낼 수가 없었어.

DAY 40 TALKING TO A TRAINER
트레이너에게 내 상태 말하기

CONVERSATION

TRAINER Hi. I hear you're interested in getting into shape.

MIA Yes. I've **put on** some **weight** recently that I need to lose quickly.

TRAINER OK. Let me ask you some questions about your exercise and eating habits. How active are you?

MIA I work in an office. So, I **sit around** almost all day.

TRAINER How often do you eat out?

MIA Pretty much every day.

TRAINER I think you need to **cut down** on eating out first.

트레이너	안녕하세요. 몸을 만드는데 관심이 있다고 들었습니다.
미아	네. 최근에 체중이 좀 늘어서 빨리 빼야 할 것 같아요.
트레이너	그렇군요. 본인의 운동습관과 식습관에 대해서 몇 가지 여쭤 볼게요. 얼마나 활동적이신가요?
미아	사무실에서 일을 해서, 거의 하루 종일 앉아서 움직이지 않는 편입니다.
트레이너	외식은 얼마나 자주 하시나요?
미아	거의 매일이요.
트레이너	먼저 외식부터 줄여야겠네요.

FOR SPECIAL ATTENTION

"getting into shape"처럼 "몸을 만들다"라는 다양한 표현이 있다.

- get in shape 몸을 만들다
- tone up (몸을) 탄력 있게 만들다

put on weight
풋 온 웨잇

체중이 늘다, 살찌다
to gain fat; to get heavier

- I **put on** a bit of **weight** over the holidays.
  휴일 동안 살이 좀 쪘어.
- I eat a lot of fast food, so I **put on weight**.
  패스트푸드를 많이 먹었더니 살이 쪘어.

sit around
씻 어롸운드

(앉아서) 특별히 하는 일 없이 지내다, 빈둥거리며 시간을 보내다
(informal) to be inactive; to be sitting and doing very little

- Don't **sit around** all day. Go do something.
  하루 종일 빈둥거리지 말고, 가서 뭐라도 좀 해라.
- I tend to **sit around** a lot after work.
  나는 퇴근 후에 앉아서 특별히 하는 일 없이 지내곤 한다.

cut down (on)
컷 다운 (온)

~을 줄이다
to reduce the size, quantity, or amount of something

- I need to **cut down** on my snacking.
  난 군것질을 줄여야 해.
- I was told to **cut down** on soft drinks.
  나보고 탄산음료를 좀 줄이래.

DAY 41 — CHANGING AN APPOINTMENT AT THE DENTIST 치과 예약 변경하기

CONVERSATION

[phone call]

DENTIST Dr. Richard's office.

LAUREN Hello. This is Lauren Johnson. I have an appointment for a whitening tomorrow.

DENTIST Yes, Mrs. Johnson. How may I help you?

LAUREN I was wondering if I could **move up** my appointment?

DENTIST Let me take a look. Around what time?

LAUREN Do you have anything around 10:00?

DENTIST We might be able to **squeeze** you **in** at 10:30.

LAUREN **That works for** me!

[전화]

치과의사	리쳐드 박사 사무실입니다.
로렌	안녕하세요. 로렌 존슨입니다. 내일 치아미백 시술 예약이 있습니다.
치과의사	네, 존슨 부인. 무엇을 도와드릴까요?
로렌	혹시 예약을 앞당길 수 있는지 궁금해서요.
치과의사	확인해보겠습니다. 언제쯤으로 바꾸고 싶으신가요?
로렌	10시쯤 시간이 비었을까요?
치과의사	10시 30분 예약으로 넣어드릴 수 있을 것 같습니다.
로렌	저는 좋습니다!

FOR SPECIAL ATTENTION

시간과 관련된 표현에서, 상황에 따라 사용되는 전치사가 다르므로 헷갈리지 않도록 아래의 팁을 참고하여 정리해 두자.

특정 시간 "at"	(특정한) 날짜 혹은 요일 "on"
I'll see you at 12:30. 12시 30분에 보자.	I'll see you on the weekend. 주말에 보자.
기간 "in"	대략적인 시간 "around"
I'll see you in 10 minutes. 10분 후에 보자.	I'll see you around 3:00. 3시 쯤에 보자.

move up
무-ㅂ 업

(일정을) 앞당기다
to arrange for an earlier time

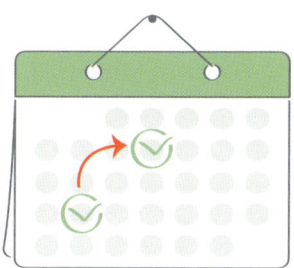

- Can I **move up** my appointment?
  약속시간을 앞당길 수 있을까요?
- My schedule has changed, so I have to **move up** our meeting.
  내 일정이 바뀌어서, 우리 회의를 앞당겨야 할 것 같아요.

squeeze in
스퀴이즈 인

~을 간신히 끼워 넣다, 시간을 내다
to make time for someone or something when very busy

- I'm not sure if I can **squeeze in** the time.
  내가 시간을 낼 수 있을지 모르겠다.
- I should be able to **squeeze** it **in**.
  간신히 짧게 시간을 좀 낼 수 있을 것 같다.

that works for (someone)
뎃 월즈 f올 (썸원)

나는 좋아. 그렇게 할게. 그거면 돼.
that is acceptable to someone

- You want to meet at 9:00? **That works for** me.
  9시에 만나고 싶나요? 저는 좋습니다.
- Does **that work for** you?
  그거 괜찮겠어요?

DAY 42 AT THE DOCTOR'S OFFICE
의사에게 진료받기

CONVERSATION

DOCTOR How're you feeling today?

PAUL Not so good, Doctor. I think I caught a cold.

DOCTOR Sorry to hear that. Tell me about your symptoms.

PAUL I have a fever, and I'm so sore. I also **threw up** this morning.

DOCTOR Hmm... It sounds like you've **come down with** the flu.

PAUL The flu? Oh, no... I'm really busy at work these days.

DOCTOR Don't worry about it. A few days of bed rest, and you'll be back to work **before long**.

의사	오늘 몸은 좀 어떠신가요?
폴	의사 선생님, 몸이 안 좋아요. 감기에 걸린 것 같아요.
의사	그거 안됐군요. 증상을 말씀해 보세요.
폴	열이 나고 온 몸이 쑤셔요. 오늘 아침에는 토하기까지 했어요.
의사	음... 독감에 걸린 것 같네요.
폴	독감이요? 오, 어쩌죠. 요즘 회사 일로 진짜 바쁘거든요.
의사	걱정 마세요. 며칠 푹 쉬면 곧 다시 업무 복귀하실 수 있을 겁니다.

FOR SPECIAL ATTENTION

병원에서 진찰을 받을 때, 본인의 증상을 설명하는 여러가지 영어 표현들이 있다.

- sore throat 인후염
- earache, stomachache, headache (특정 부위가 아플 때 +ache) 이통, 복통, 두통
- nausea, vomiting, dizziness 메스꺼움, 구토, 현기증
- runny nose 콧물
- rash 발진

throw up
th로우 업

토하다
(informal) to vomit

- I think I'm going to **throw up**.
  나 토할 것 같아.
- I **threw up** this morning.
  나 오늘 아침에 토했어.

come down with
컴 다운 윗

(특정 병이) 걸리다, 몸이 아프다
to start to suffer from an illness or ailment

- I **came down with** a cold this morning.
  나 오늘 아침에 감기에 걸린 것 같아.
- He **came down with** the flu.
  그는 독감에 걸렸다.

before long
비-f오얼 롱

곧, 머지않아
(informal) soon

- I'll be there **before long**.
  곧 거기에 도착할 거야.
- I should be finished **before long**.
  곧 끝날 거야.

DAY 43 — PICKING UP A PRESCRIPTION
처방전 받기

CONVERSATION

PHARMACIST Mr. Lee! Your prescription is ready.

MR. LEE Yes. That's me.

PHARMACIST You have a week's worth of medicine. Take this pill twice a day.

MR. LEE Should I take it with food?

PHARMACIST No. You don't have to. Take it first thing when you **get up** and right before bed, with **plenty of** water.

MR. LEE Got it. Are there any side effects?

PHARMACIST It might make you drowsy, so no driving or operating machinery after taking it. It also **goes without saying** that you should avoid alcohol while on medications.

약사	리씨! 처방된 약 준비되었습니다.
리	네, 접니다.
약사	일주일치 약 드립니다. 하루에 2회, 이 알약을 드세요.
리	식후에 먹어야 할까요?
약사	아니요. 그러실 필요 없습니다. 충분한 양의 물과 함께, 아침에 일어나자마자 한번 드시고 자기 직전에 한번 드세요.
리	알겠습니다. 부작용이 있을까요?
약사	이 약은 졸릴 수가 있습니다. 그러니, 약을 복용한 후에는 운전이나 기계 조작은 피하세요. 또한 당연한 거지만, 약 복용 중에는 금주하셔야 합니다.

FOR SPECIAL ATTENTION

미국에서는 의료기관이나 개별 약국 외에 큰 소매점 같은 곳에서도 약사들을 만날 수 있다. 약사들은 일반적으로 다른 나라에서는 허용되지 않은 시술을 제공하기도 한다. 예를 들어, 독감 예방 주사를 접종해 주기도 하고, 당뇨 주사법을 환자들에게 교육해 주기도 한다. 또한 약물치료관리서비스(Medication Therapy Management Services)를 통해 환자들이 약을 복용하고 부작용을 관리하는 방법에 익숙해지도록 도와주는 역할을 하기도 한다.

get up
겟 업

일어나다, 일어서다
to wake up

- I have to **get up** before noon.
  정오 전에는 일어나야 한다.
- Remember to call me when you **get up**.
  일어나면 나한테 전화주는 거 잊지마.

plenty of
플렌티 오브

많은, 충분한
(informal) a lot of something

- There's **plenty of** water for everyone.
  모두 먹을 수 있는 만큼 충분한 양의 물이 있다.
- I have **plenty of** room in my house for more guests.
  우리 집은 더 많은 손님이 와도 될 만큼 공간이 넉넉하다.

go without saying
고우 윗아웃 세이잉

말할 필요도 없이, 당연하게도
to be completely obvious or common sense

- It **goes without saying** that you shouldn't drink and drive.
  말할 필요도 없이 음주운전은 안된다.
- It **goes without saying** that you should be on time for work.
  당연하게도 정시에 출근해야 한다.

DAY 44 MAKING AN EMERGENCY CALL
응급 상황 전화걸기

CONVERSATION

911 9-1-1. What's your emergency?

MATT My friend just had an accident. I think he broke his leg.

911 OK. Where are you?

MATT I'm at Fifth and Clifton.

911 Can you tell me how your friend is doing?

MATT He's **in bad shape**. He can't walk or move much.

911 OK. I have emergency responders **on the way**. They should arrive in a few minutes, but I need you to stay **on the line** until they arrive.

911 9-1-1입니다. 무슨 일이시죠?
멧 친구가 사고를 당했어요. 다리가 골절된 것 같아요.
911 알겠습니다. 위치가 어디시죠?
멧 클리프톤 5번가입니다.
911 친구 상태가 어떤지 알려주실 수 있을까요?
멧 상태가 나빠요. 걷거나 움직이지 못해요.
911 알겠습니다. 긴급구조대원들이 가고 있습니다. 곧 도착할 예정이지만, 그들이 도착할 때까지 전화를 끊지 말고 기다려 주세요.

FOR SPECIAL ATTENTION

나라마다 응급구조를 요청하는 전화번호가 다르다. 한국의 경우 구급차나 소방차를 부를 때는 119, 경찰을 부르기 위해서는 112를 사용한다. 하지만, 미국은 위의 모든 경우를 위급한 응급상황으로 보고 911로 전화를 한다. 영국의 경우는 999이다. 미국에서는 발신자의 응급상황에 대한 설명에 따라, 911센터에서 적절한 기관에게 조치를 취하도록 연락하므로, 때에 따라서는 구급대원, 소방대원과 경찰들 모두 현장에 출동하는 경우도 종종 볼 수 있다.

in bad shape
인 **벧 쉐입**

(상태가) 나쁜, 건강이 좋지 않은
suffering physically or emotionally

- He's **in bad shape**. We should get him to a hospital.
  그는 상태가 나쁘다. 병원에 데려가야 한다.
- I'm **in** such **bad shape**. I don't think I can finish this hike.
  난 상태가 너무 나빠서, 등산을 끝까지 못할 것 같아.

on the way
온 더 **웨**이

(오거나 가는 길) 도중인
in the process of going to a person or place

- I'm **on the way**!
  가는 길이야!
- The package will be **on the way** soon.
  택배가 곧 발송될 예정이다.

*in *vs.* on

전치사 on 또는 in을 쓰느냐에 따라 의미가 전혀 달라지므로 주의할 필요가 있다. on the way는 "가는 중인/도중인"의 뜻이지만, in the way는 "방해가 되는"이라는 뜻이다. 이 경우 전치사 in은 "특정한 공간을 차지하다"라는 뜻으로, "길의 공간을 차지해서 방해가 되다"의 뜻으로 이해할 수 있다.

on the line
온 더 **라**인

통화 중인
speaking or waiting on the telephone

- Please stay **on the line** for a moment.
  전화를 끊지 않고 잠시 기다려 주세요.
- Can you get emergency services **on the line**?
  긴급구조대를 (유선상으로) 연결해주실 수 있을까요?

SECTION 6

Scan for Preview

DAY 45. Giving Congratulations 축하하기

DAY 46. Waiting On a Test Result 시험 결과 기다리기

DAY 47. Making a Wedding Announcement 결혼 발표하기

DAY 48. Throwing a Bridal Shower 브라이덜 샤워 / 결혼 축하하기

DAY 49. Offering Condolences at a Funeral 장례식에서 애도를 표하기

DAY 50. Welcoming a New Baby 출산 축하하기

DAY 45 GIVING CONGRATULATIONS
축하하기

CONVERSATION

[messages]

KEVIN Hey! I have great news!

DAISY What's up?

KEVIN I got the job!

DAISY **You're kidding**! OMG! Congratulations!!!

KEVIN THX

DAISY I'm so **proud of** you!

KEVIN You're busy tonight? Let's **get together** and celebrate!

[문자]

케빈 야! 나 좋은 소식 있어!

데이지 뭔데?

케빈 나 취업했어!

데이지 거짓말(장난 아니지)! 맙소사! 축하해!!!

케빈 고마워

데이지 너가 너무 자랑스럽다!

케빈 너 오늘 바빠? 오늘 만나서 축하하자!

FOR SPECIAL ATTENTION

영미문화권에서도 문자로 간결하게 약어 혹은 은어를 즐겨 쓰곤 한다. 대화문에 나온 OMG, THX와 같이 축하할 때 사용하는 다양한 문자 용어들이 있다.

- OMG = Oh my God
- THX = Thanks
- GRATZ = Congratulations / Congrats
- GOAT = Greatest Of All Time
- YEET = Yeet (흥분, 놀람, 동의 및 다방면에 걸친 감탄사)

you're kidding
유얼 키딩

설마 (그럴리가), 농담이겠지, 장난하지 마
used when something said is surprising or seems untrue

- **You're kidding**! That's great news.
  거짓말(장난 아니지)! 진짜 좋은 소식이다.

- A: Matt came here from Korea suddenly. B: **You're kidding**.
  A: 맷이 한국에서 갑자기 왔어. B: 장난하지마.

*의문문 형태인 "Are you kidding (me)?"로 사용하여 놀라움을 표시하기도 한다. 꼭 긍정적일 때 뿐만 아니라, 부정적일 때도 사용하니 주의하자.
A: Did you hear that Sam got promoted to General Manager?
B: Are you kidding me? That guy couldn't find his way out of a paper bag!
A: 쌤이 총지배인으로 승진한 거 들었어?
B: 장난해? 자기 앞가림도 못하던 사람인데!

proud of
프라**우**드 오브

자랑스러워하다
to be incredibly satisfied with something or someone

- I'm very **proud of** myself.
  나는 내가 매우 자랑스럽다.

- You should be **proud of** your son. He's the smartest in the class.
  아들이 자랑스럽겠다. 반에서 제일 똑똑하잖아.

get together
겟 투게더

(사람들이) 모이다, 만나다
(informal) to meet a group for an informal gathering

- Let's **get together** soon.
  우리 조만간 한 번 모이자.

- We can **get together** this afternoon and talk about it.
  오늘 오후에 만나서 그것에 대해 얘기 해보자.

DAY 46 WAITING ON A TEST RESULT
시험 결과 기다리기

CONVERSATION

DYLAN Have your scores been posted yet?

LUCY I don't know... I haven't looked yet.

DYLAN Why not? Let's look! I'm **on pins and needles**.

LUCY OK. OK. Let me log in...

DYLAN I'm already **on the edge of** my **seat**.

LUCY I passed! I passed!

DYLAN You passed? Oh my god! Congratulations!

LUCY I can't believe it!

DYLAN All your hard work totally **paid off**.

딜런	시험 결과 발표 났어?
루시	모르겠어... 아직 안봤어.
딜런	왜 안봤어? 보자! 나 지금 긴장되서 조마조마해.
루시	알았어, 알았어. 로그인 해볼게.
딜런	난 벌써 손에서 땀이 나.
루시	나 붙었어! 합격했다구!
딜런	합격했어? 어머나! 축하해!
루시	믿기지가 않아!
딜런	열심히 노력한 보람이 있네.

FOR SPECIAL ATTENTION

"on pins and needles"은 몸이 긴장하여 저린 상태에서 회복하는 순간 콕콕 찌르고 따끔거리는 느낌을 표현한 관용어구로 좌불안석을 표현한다. 이와 같이 안절부절 초조한 상태를 나타내는 표현들이 있다.

- one's heart in one's throat/mouth
  My heart was in my throat at the end of the movie. 영화 끝부분에 내 (너무 놀라서) 가슴이 철렁했다.
- be a bundle of nerves
  I'm a bundle of nerves today. 나는 오늘 극도로 긴장했다.

on pins and needles
온 **핀**즈 앤 **니**들스

초조한, 조마조마한
used to describe an anxious or suspense-filled feeling

- Let me know what happened! I'm **on pins and needles**.
  어떻게 된 건지 알려 줘! 조마조마해.
- I've been **on pins and needles** since I heard the news.
  그 소식을 들은 후로 초조하다.

on the edge of (one's) seat
온 디 **엣쥐** 오브 (원즈) **씻**

(조마조마하여) 손에 땀을 쥐게 하는, 긴장을 놓을 수가 없는
very excited in a situation that is full of suspense

- The movie had me **on the edge of** my **seat**.
  그 영화는 손에 땀을 쥐게 했다.
- The book kept me **on the edge of** my **seat**.
  그 책은 긴장을 놓을 수가 없었다.

pay off
페이 어-f

좋은 결과를 내다, 성과를 거두다, 결실을 맺다
to produce successful results

- All your hard work **paid off** in the end.
  결국 너의 모든 노력이 결실을 맺었다.
- Studying hard will **pay off** in the future.
  열심히 공부하면 미래에 결실을 맺을 것이다.

*pay off는 위의 의미 외에도, "~를 갚다/청산하다"의 뜻으로도 자주 사용된다.
Thankfully, we managed to pay off all of my debts before we got married.
다행히, 나는 우리가 결혼하기 전에 빚을 다 갚을 수 있었다.

DAY 47 — MAKING A WEDDING ANNOUNCEMENT 결혼 발표하기

CONTVERSATION

BRANDON I'd like to make an announcement. Lisa and I are getting married.

KEVIN Oh, wow! Congratulations, man!

BRANDON Thank you. And I was hoping you'd be my best man.

KEVIN Me? I don't know what to say.

BRANDON Say yes! You're **hands down** the only person for the job.

KEVIN Well, if you put it that way… I'd **be honored**.

BRANDON Fantastic!

KEVIN Let's **make a toast**! To the bride and groom to be…

브랜던	나 발표할 일이 있어. 리사랑 나 결혼해!
케빈	오, 와! 축하해!
브랜던	고마워. 그리고 너가 내 들러리를 해줬으면 좋겠어.
케빈	내가? 뭐라고 해야 할지 모르겠네.
브랜던	그냥 알겠다고 해! 너가 확실히 이 일에 어울리는 유일한 사람이야.
케빈	음, 정 그렇다면… 나야 영광이지.
브랜던	완벽해!
케빈	건배합시다! 신부와 신랑에게…

FOR SPECIAL ATTENTION

영미문화권 결혼식에서는 결혼식을 빛내 줄 가까운 친구들에게 명예로운 자리를 부여한다.

Maid of Honor	Best Man	Bridesmaids / Groomsmen
신부 측의 가장 친한 친구 혹은 자매로, 주로 결혼식을 제일 많이 도와주며 축사를 해줄 사람 (보통 미혼 여성이 맡는다)	신랑 측의 가장 친한 친구 혹은 형제로, 주로 총각파티를 준비해주고 축사를 해줄 사람	신부 들러리 / 신랑 들러리로 결혼식 본식에 양측에 서서 축하해 주는 친한 친구들

hands down
핸즈 다운

확실히, 명백히
easily; without competition

- This is **hands down** the best coffee I've ever had.
  이 커피는 내가 마셔본 것 중에, 확실히 최고야.
- Pizza is **hands down** my favorite junk food.
  피자가 확실히 내가 최고로 좋아하는 정크 푸드야.

*명백하게 월등하여 손을 아래로 내려 놓고도 경기를 잘 풀어나가는 모습에서 따온 표현으로, 더 말할 것 없이 최고일 때 사용한다.

be honored
비 어널드

영광이다
to be very proud because of something that is offered or given

- I'd **be honored** to be your best man.
  너의 결혼 들러리가 되면 영광일 것 같아.
- I**'m honored** to receive this award.
  이 상을 수상하게 되어 영광입니다.

make a toast
메-이크 어 토스트

건배하다
to raise your glass and drink in celebration of something or someone

- Let's **make a toast** to the happy couple.
  행복한 커플을 위해 건배합시다.
- I'd like to **make a toast** to my best friends.
  나의 가장 친한 친구들을 위해 건배합시다.

*"a"의 유무에 따라 전혀 다른 의미가 되므로 유의하자. "make a toast"는 축하하는 자리에서 건배를 하는 상황에 사용한다. 반면, "a"가 없는 "make toast"는 "토스트를 만들다"의 뜻이다. 빵 조각을 구워 먹는 토스트(toast) 는 불가산명사로 관사 "a" 없이 사용하기 때문에, "한 장의 토스트를 만들다"라고 표현하려면 "make a piece of toast"라고 표현해야 한다.

DAY 48
THROWING A BRIDAL SHOWER
브라이덜 샤워 / 결혼 축하하기

CONVERSATION

ASHLEY I'm so glad things between you two **worked out**. Congratulations again!

LISA Thank you. To be honest, I'm a little worried about the wedding ceremony.

ASHLEY Don't be. Nothing will **go wrong**. I'm sure the planner will take care of everything.

LISA You think?

ASHLEY Yeah. Your planner is really **on the ball**.

LISA You're right. Oh, they're about to start the games. We should go.

에슐리	둘이 잘 돼서 기뻐. 다시 한번 축하해!
리사	고마워. 그런데 솔직히 말해서, 결혼식이 좀 걱정돼.
에슐리	걱정하지마. 다 잘 될 거야. 플래너가 알아서 잘 할 거야.
리사	그렇겠지?
에슐리	응. 너네 플래너 진짜 빈틈없잖아.
리사	맞아. 오, 게임 시작한다. 우리 이제 가자.

FOR SPECIAL ATTENTION

브라이덜 샤워(bridal shower)는 주로 신부를 축하해주는 자리로, 신부 측 (여자) 친구들끼리 모여서 선물 교환 및 게임 등을 하며 우정을 돈독히 하는 파티이다. 이 파티는 가진 것이 없는 가난한 커플을 위해서 신부 친구들이 결혼 비용의 부담을 덜어주기 위한 문화에서 유래되었으며, "shower(소나기)"와 같이 선물, 우정 등이 비처럼 쏟아진다는 뜻을 담고 있다.

신랑도 결혼 전, 신랑 측 (남자) 친구들끼리 총각 파티(bachelor party)를 한다. 아내가 없는 마지막 밤으로 여기며, 술과 광란의 파티를 즐기곤 한다.

work out
워-ㅋ 아웃

(일이) 잘 풀리다, 좋게 진행되다
to happen in a way that has good results

- Everything will **work out** just fine.
  모든 것이 잘 풀릴 것이다.
- I'm sure we can **work out** any problems.
  난 우리가 어떤 문제라도 잘 풀어나갈 것이라고 확신한다.

go wrong
고우 륑

(원치 않은 방향으로) 잘못되다, 문제를 겪다
to happen in a manner that creates a bad or negative result

- What could **go wrong**?
  뭐가 잘못될 수 있을까?
- Things **went wrong** so suddenly.
  너무 갑자기 모든 일들이 꼬였어.

on the ball
온 더 볼

유능한, 빈틈이 없는
alert; quick and efficient

- He's really **on the ball** when it comes to his work.
  그는 자신의 업무에 대해서는 빈틈이 없이 유능하다.
- You need to be **on the ball** when I assign you a task.
  내가 자네에게 업무를 맡기면 빈틈없이 잘 해내야 하네.

DAY 49 OFFERING CONDOLENCES AT A FUNERAL
장례식에서 애도를 표하기

CONVERSATION

JANE I'm terribly sorry for your loss.

PETER Thank you.

JANE Adam was a good man. I was heartbroken to hear he **passed on**.

PETER Yes. He **was taken from** us so suddenly.

JANE My deepest condolences go out to you and your family. When you **feel up to** it, let's have coffee.

PETER OK. That sounds good. Thank you again for coming.

제인 애도를 표합니다.

피터 감사합니다.

제인 아담은 정말 좋은 사람이었어요. 그가 돌아가셨다고 했을 때 가슴이 아팠어요.

피터 네. 너무 갑작스럽게 돌아가셨어요.

제인 유족에게 깊은 애도를 표합니다. 마음 추스르고 나면, 그때 같이 커피 마셔요.

피터 네. 좋습니다. 와 주셔서 감사합니다.

FOR SPECIAL ATTENTION

미국의 장례 문화는 한국의 장례 문화와 사뭇 다르다. 미국은 크게 보통 뷰잉(viewing)과 장례식(funeral service), 하관식(burial service)를 거쳐 짧게 마무리가 된다. 그 중에서도 뷰잉이 한국인들에게는 매우 생소할 수 있다. 미국에서는 애도를 표할 때 관 뚜껑을 열어 두고 조문객을 맞이한다. 조문객은 깨끗하고 화사하게 꽃단장한 고인의 얼굴을 마지막으로 보고 유족에게 위로의 인사를 하고 장례식장을 나온다(단, 교통사고나 시신이 많이 훼손된 경우는 관을 덮어두거나 뷰잉 절차를 생략한다.)

pass on
패쓰 온

죽다
to die

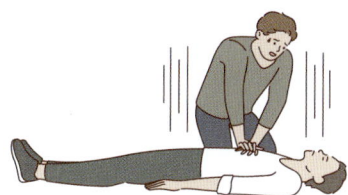

- My grandfather **passed on** when I was young.
  나의 할아버지는 내가 어렸을 때 돌아가셨다.
- I'm sorry to hear that he **passed on**.
  그의 죽음에 애도를 표합니다.

*"pass on something to someone"으로 쓰일 때는 "~을 ~에게 전달하다/물려주다"의 뜻이니 끝까지 구문을 확인하여 잘못 이해하지 않도록 하자.
She passed on her grandmother's ring to her daughter.
그녀는 할머니의 반지를 딸에게 물려주었다.

be taken from (someone)
비 테이큰 f–롬 (썸원)

죽다, 세상을 떠나다
to die; to lose someone to death

- I'm sorry to hear that he **was taken from** you so suddenly.
  그가 너무나 갑자기 세상을 떠났다니 애도를 표합니다.
- My grandmother **was taken from** us when I was a child.
  우리 할머니는 내가 어렸을 때, 돌아가셨다.

feel up to (something)
f–일 업 투 (썸띵)

(육체적, 정신적으로) 기운을 차리다, 기력이 되다
to feel well enough to do something

- If you **feel up to** it, let's meet for drinks.
  기운 차리고 나면, 만나서 한 잔 합시다.
- Join us when you **feel up to** it.
  마음이 내킬 때, 우리랑 함께 해.

DAY 50 WELCOMING A NEW BABY
출산 축하하기

CONVERSATION

APRIL Hey! I heard you've got a new addition to the family. **Way to go**!

LEO Thank you so much.

[showing photo]

APRIL Wow! He's so cute, and he has your eyes.

LEO Think so? I think he **takes after** Emma more.

APRIL Speaking of Emma, how's she doing?

LEO Good! We're both **over the moon**.

APRIL That's great to hear. Once things have **settled down**, introduce me to the little guy.

LEO Of course!

에이프릴	야! 새로운 가족을 맞았다며. 잘했어!
리오	너무 고마워.
	[사진 보여주기]
에이프릴	와! 아들 너무 귀엽다. 네 눈 꼭 빼 닮았네.
리오	그런 것 같아? 내가 보기엔 엠마를 더 닮은 것 같은데.
에이프릴	말이 나온 김에, 엠마는 요즘 어떻게 지내?
리오	좋아! 우리 둘다 너무나도 기뻐.
에이프릴	잘 됐네. 좀 자리가 잡히면, 아기 인사 시켜줘.
리오	당연하지!

FOR SPECIAL ATTENTION

2000년대 미국에서는 젠더리빌 파티(gender reveal party)가 성행하기 시작했다. 임신 중 태어날 아기의 성별을 파티 용품 등을 통해 깜짝 공개하는 자리이다. 곧 태어날 아기의 부모가 직접 파티를 준비할 수도 있고, 비밀을 잘 지키는 친구 혹은 가족들이 준비 해 줄 수도 있다. 의사가 쪽지에 성별을 적어서 봉투에 담아주면, 파티를 개최하는 사람이 미리 열어보고 파티를 준비한다.

way to go
웨이 투 고우

잘했어!
used to express your approval or excitement

- **Way to go**, Jake!
  제이크, 잘했어!
- I can't believe you did it. **Way to go**!
  네가 해내다니 믿기지가 않아. 잘했어!

take after (someone)
테일 에f-터 (썸원)

(누구)를 닮다
to resemble a family member or ancestor

- Your son really **takes after** you.
  네 아들은 정말 너를 꼭 빼닮았다.
- I'm not sure who he **takes after** more: my wife or me.
  저 녀석이 제 아내와 저 중 누구를 더 닮았는지 모르겠어요.

over the moon
오벌 더 문

(뛸 듯이) 너무나도 기쁜
very pleased; extremely happy

- We're absolutely **over the moon**.
  우리는 너무나도 기뻐.
- When I heard you were having a baby, I was **over the moon**.
  네가 아이를 가졌다는 말을 들었을 때, 너무나도 기뻤어.

settle down
쎄틀 다운

진정하다, 안정되다, 자리가 잡히다
to become calm and orderly

- Everyone needs to **settle down**.
  모두가 진정해야 한다.
- Let's talk more when things have **settled down**.
  일단 상황이 진정되면, 더 얘기를 나눠 봅시다.

REVIEW TESTS

SECTIONS 1-6

SECTION 1

AT HOME

■ 다음 한글을 보고 빈칸에 알맞은 답을 고르시오.

1. 나 출근 준비해야 해. → I need to _____ for work.
   a. go to bed b. get ready c. take out

2. 우리 아빠한테 전화를 좀 걸어 줄 수 있어? → Can you _____ Dad?
   a. wake up b. meet up c. call up

■ 빈칸에 가장 알맞은 답을 고르시오.

3. You can _____ the answer on the internet.
   a. look after b. look out c. look up

4. _____ when you said it tasted fishy.
   a. I see what you mean b. No big deal c. In all honesty

■ 다음 대화문을 보고, 빈칸에 들어갈 문장을 영작하시오.

5. A: _____?
   A: 주말에 뭐 특별한 일 있었어?
   B: Not really. Just played a computer game with some friends.
   B: 딱히 없었어. 그냥 친구들이랑 컴퓨터 게임했어.

6. A: _____?
   A: 뭐 좀 부탁해도 될까?
   B: No. Go ahead.
   B: 응. 말해봐.

7. A: I didn't realize I'd caused so much trouble. _____.
   A: 이렇게까지 민폐가 될지 몰랐어. 내 실수야.
   B: Well, apology accepted.
   B: 음, 사과 받아줄게.

ANSWER KEY

1. b 2. c 3. c (인터넷에서 정답 찾아봐라(검색해봐라).) 4. a (비린내가 난다고 하는 말, 무슨 뜻인지 알겠어.) 5. Did you do anything special over the weekend 6. Do you mind if I ask you a huge favor 7. That's my bad

SECTION 2: AT WORK

■ 다음 한글을 보고 빈칸에 알맞은 답을 고르시오.

1. 기꺼이 두 분을 소개해 드리겠습니다. → I'd _____ introduce you two.
   a. feel free to   b. be happy to   c. live up to

2. 모두 착석하시면 곧 시작하겠습니다. → We'll _____ as soon as everyone is seated.
   a. start up   b. make time   c. take part

■ 빈칸에 가장 알맞은 답을 고르시오.

3. When he saw me coming, he _____ in the other direction.
   a. got along   b. let down   c. took off

4. You did your best, so _____.
   a. beat around the bush b. cheer up   c. show around

■ 다음 대화문을 보고, 빈칸에 들어갈 문장을 영작하시오.

5. A: _____.
   A: 몸이 좀 좋지 않습니다.
   B: I'm sorry to hear that. Did you catch a cold?
   B: 안타깝군. 감기에 걸렸나?

6. A: Are there any questions?
   A: 질문 있으신가요?
   B: No. _____.
   B: 아니오. 현재는 없습니다.

7. A: What did you think about the last interviewee?
   A: 마지막 면접자 어땠어요?
   B: _____.
   B: 굉장히 (일처리를) 잘하고 함께 어울리기도 편한 사람이네요.

ANSWER KEY

1. b   2. a   3. c (내가 오는 것을 보자, 그는 반대쪽 방향으로 가버렸다.)   4. b (너는 최선을 다했어, 그러니까 힘내.)
5. I'm feeling a bit under the weather.   6. Not for the time being.   7. She's really on top of things and easy to get along with.

SECTION 3
WILE EATING

- 다음 한글을 보고 빈칸에 알맞은 답을 고르시오.

    1. 오늘 저녁에 외식할 예정이야. → I'm going to _____ tonight.
       a. order in   b. stay in   c. eat out

    2. 저녁 먹으러 나가자. 내가 쏠게. → Let's go out for dinner. It's _____.
       a. on me   b. penciled in   c. for here or to go

- 빈칸에 가장 알맞은 답을 고르시오.

    3. My steak was overcooked, so I _____.
       a. sent it back   b. warmed up   c. gave it the benefit of the doubt

    4. Don't worry about the cost. I'll _____.
       a. be broke   b. pick up the tab   c. be booked up

- 다음 대화문을 보고, 빈칸에 들어갈 문장을 영작하시오.

    5. A: I'm kind of _____.
       A: 나는 치킨이 당기는 걸.
       B: Same here!
       B: 나도!

    6. A: How would you like your order?
       A: 주문을 어떻게 조합해드릴까요?
       B: Brown rice, chicken, and _____.
       B: 현미밥과 치킨 주시고, 사워크림은 따로 주세요.

    7. A: Have you decided on the menu?
       A: 메뉴 결정하셨나요?
       B. _____.
       B: 저는 소고기와 돼지고기 사이에서 고민 중입니다.

ANSWER KEY

1. c   2. a   3. a (내 스테이크가 너무 익혀져서, 식당에 돌려 보냈다.)   4. b (비용은 걱정하지 마, 내가 낼게.)
5. in the mood for fried chicken   6. sour cream on the side   7. I'm torn between having the beef and the pork

SECTION 4: WHILE OUT

■ 다음 한글을 보고 빈칸에 알맞은 답을 고르시오.

1. 빠른 시간 내에 못했던 이야기 마저 하자! → Let's _____ real soon!
   a. catch up   b. bring up   c. set up

2. 그 상품은 재고가 없습니다. → That item is _____.
   a. all right   b. out of stock   c. on sale

■ 빈칸에 가장 알맞은 답을 고르시오.

3. A: Please don't tell anyone. B: _____.
   a. I'm down for it   b. It's pouring   c. My lips are sealed

4. Can you _____ the television?
   a. turn on   b. try on   c. get on

■ 다음 대화문을 보고, 빈칸에 들어갈 문장을 영작하시오.

5. A: _____?
   A: 우리 가는 길에 우체국에 잠깐 들려도 될까?
   B: Yeah, sure.
   B: 응, 물론이지.

6. A: Can you help me find the subway station?
   A: 지하철역 찾는 것을 도와 주실 수 있을까요?
   B: No problem. _____.
   B: 먼저, 교차로가 나올 때까지 이 길을 따라 올라가세요.

7. A: Excuse me. _____?
   A: 실례지만, 혹시 도와주실 수 있을까요?
   B: Of course. How can I help you?
   B: 물론이죠. 뭘 도와드릴까요?

ANSWER KEY

1. a 2. b 3. c (A: 제발 아무한테도 말하지 말아줘. B: 비밀 지켜 줄게.) 4. a (텔레비전을 켤 수 있어?) 5. Can we stop by the post office 6. First, go up this street until you come across an intersection 7. Could you give me a hand

SECTION 5

FOR YOUR HEALTH

- 다음 한글을 보고 빈칸에 알맞은 답을 고르시오.

1. 나는 내 업무에 집중하려고 해. → I'm trying to _____ my work.
   a. cut down   b. focus on   c. sign up

2. 아무런 것도 생각해낼 수가 없었어. → I couldn't _____ with anything.
   a. throw up   b. move up   c. come up

- 빈칸에 가장 알맞은 답을 고르시오.

3. Can you get emergency services _____?
    a. in bad shape   b. on the line   c. sit around

4. He _____ the flu.
   a. came down with   b. came up with   c. got up

- 다음 대화문을 보고, 빈칸에 들어갈 문장을 영작하시오.

5. A: How active are you?
   A: 얼마나 활동적이신가요?
   B: _____.
   B: 거의 하루 종일 앉아서 움직이지 않는 편입니다.

6. A: We might be able to squeeze you in at 10:30.
   A: 10시 30분 예약으로 넣어드릴 수 있을 것 같습니다.
   B: _____!
   B: 저는 좋습니다!

7. A: Tell me about your symptoms.
   A: 증상을 말씀해 보세요.
   B: I have a fever, and I'm so sore. _____.
   B: 열이 나고 온 몸이 쑤셔요. 오늘 아침에는 토하기까지 했어요.

ANSWER KEY

1. b   2. c   3. b (긴급조치대를 (유선상으로) 연결해주실 수 있을까요?)   4. a (그는 독감에 걸렸다.)
5. I sit around almost all day   6. That works for me   7. I also threw up this morning

SECTION 6
FOR SPECIAL EVENTS

■ 다음 한글을 보고 빈칸에 알맞은 답을 고르시오.

1. 우리는 너무나도 기뻐. → We are absolutely _____.
   a. over the moon　　　b. on pins and needles　　　c. hands down

2. 오늘 오후에 만나서 그것에 대해 얘기 해보죠. → We can _____ this afternoon and talk about it.
   a. settle down　　　b. get together　　　c. be honored

■ 빈칸에 가장 알맞은 답을 고르시오.

3. All your hard work _____ in the end.
   a. went wrong　　　b. paid off　　　c. made a toast

4. I'm not sure who he _____ more: my wife or me.
   a. is taken from　　　b. works out　　　c. takes after

■ 다음 대화문을 보고, 빈칸에 들어갈 문장을 영작하시오.

5. A: I got the job!
   A: 나 취업했어!
   B: You're kidding! _____!
   B: 거짓말(장난 아니지)! 너가 너무 자랑스럽다!

6. A: Have your scores been posted yet?
   A: 시험 결과 발표 났어?
   B: I haven't looked yet. But _____.
   B: 아직 안봤어. 난 벌써 손에서 땀이 나.

7. A: I'm terribly sorry for your loss, _____.
   A: 애도를 표합니다. 샘이 돌아가셨다는 말을 듣고 가슴이 아팠어요.
   B: Right. He was taken from us so suddenly.
   B: 맞아요. 너무 갑작스럽게 돌아가셨어요.

ANSWER KEY

1. a　　2. a　　3. b 열심히 노력한 것이 결국엔 결실을 맺었다.　　4. c 그가 나의 아내와 나 중 누구를 더 닮았는지 모르겠어요.
5. You're kidding, I'm so proud of you　　6. I'm already on the edge of my seat
7. I was heartbroken to hear Sam passed on

127